*Sammlung Vandenhoeck*



V&R

Ulrike S.
Gerhard Crombach / Hans Reinecker

# Hilfreiche Briefe an Zwangskranke

Vandenhoeck & Ruprecht
in Göttingen

Die Deutsche Bibliothek – CIP-Einheitsaufnahme

*S., Ulrike*
Hilfreiche Briefe an Zwangskranke / Ulrike S. / Gerhard Crombach /
Hans Reinecker. – Göttingen : Vandenhoeck & Ruprecht, 2002
(Sammlung Vandenhoeck)
ISBN 3-525-01465-1

Umschlagabbildung:
Franz Marc, *Stallungen* (Ausschnitt), 1913, Öl auf Leinwand, 73,5 × 157,5 cm,
Solomon R. Guggenheim Museum, New York.


Satz: Satzspiegel, Nörten-Hardenberg
Druck- und Bindearbeiten: Hubert & Co., Göttingen

# Inhalt

# Vorwort von Gerhard Crombach

Müssen wir nicht auf Schritt und Tritt sagen: »Ich *glaube* dies mit Bestimmtheit?«
*Ludwig Wittgenstein*

Glaube heißt zuallererst nicht, etwas zu glauben, sondern eher, an jemand zu glauben. Glaube ist Vertrauen. Vertrauen verlangt Mut.
*David Steindl-Rast*

Wenn Sie an einem *Zwang* leiden, kämpfen Sie darum – meist auch gegen die eigene Vernunft –, in einem bestimmten Lebensbereich absolute Sicherheit, absolute Gewißheit herzustellen. Vielleicht erscheint Ihnen das Fließende, Dynamische, Kreative, und damit auch Unvollkommene, Unvorhersehbare, Vergängliche des Lebens ohnehin unheimlich und ängstigend. Schutzlosigkeit und Ohnmacht sind jedenfalls häufig Grundgefühle von Zwangskranken. Diese allgemeine Lebensunsicherheit hat sich an einem winzigen Detail der Lebenswelt niedergeschlagen, festgesetzt, ich würde sagen: geradezu festgebissen. *Irgendetwas muß frei sein von ..., irgendetwas darf auf keinen Fall passieren ..., irgendetwas muß so und so sein ...* Und so frißt dieses kleine Irgendetwas das ganze große Leben, weil die Anstrengungen um Gewißheit ausufern und nie und nimmer zu Ende kommen. Gewißheit gibt es nicht, damit auch keine absolute Sicherheit. Es gibt nur Glauben – Glauben mit unterschiedlicher Bestimmtheit (siehe das Motto von Wittgenstein). Glauben heißt mutiges Vertrauen – vor allem in sich selbst, aber auch in andere Menschen und das Dasein insgesamt. Vertrauen bedeutet immer einen kleinen Sprung, ein Fallenlassen, ein Annehmen (siehe Motto von Steindl-Rast). Nur Vertrauen überwindet den

Zweifel, den Quälgeist, der uns zur fruchtlosen Suche nach Gewißheit treibt. Wer vertraut, dem zeigt sich etwas, das ich *fraglose Zugehörigkeit* oder einfach *Im-Leben-Zu-Hause-Sein* nennen möchte. Es ist dies ein geradezu selbstverständliches *Spüren*, kein formulierbares Kopfwissen.

Welchen Glauben, welches mutige Vertrauen müssen Zwangskranke nun erlangen, um aus der Eingeengtheit des Lebens wieder in die Weite zu gelangen?

Je nach Zwangsinhalt (sowie Persönlichkeit und Weltanschauung) geht es um neue Erfahrungen:

- Ich vertraue auf mein Gedächtnis. Wäre etwas Wichtiges passiert, wüßte ich es, ohne nachzudenken.
- Ich vertraue jedem meiner Sinne. Ich kann mich in lebenswichtigen Dingen »blind« auf sie verlassen. Sie sorgen automatisch für mich.
- Ich vertraue meinen Impulsen. Sie handeln niemals gegen meine Moral.
- Ich vertraue meinen Gedanken. Es sind unvermeidbare und harmlose Einfälle ohne eigene Wirkung und Macht. Sie liegen nicht im Bereich meiner Verantwortlichkeit.
- Ich vertraue darauf, daß man dem Geist unerwünschte Gedanken weder verbieten kann noch muß. Verleihe ich einem Gedanken keine gefühlsmäßige Bedeutung (z. B. kein Erschrecken darüber) und lasse ihn einfach stehen, löst er sich spurlos von selbst auf – so wie Morgennebel an einem strahlenden Tag.
- Ich vertraue darauf, daß der Geist kein Garten ist, der gejätet werden muß, um nicht im Unkraut zu ersticken. Ich darf mit den Inhalten des Geistes liebevoll-nachsichtig sein.
- Ich vertraue darauf, daß ich nicht für jeden und alles verantwortlich bin.
- Ich vertraue darauf, daß ein wenig Gift nicht schadet oder daß ein wenig Ausscheidung auszuhalten ist.
- Ich vertraue auf die Wahrscheinlichkeit. Warum sollte etwas so Unwahrscheinliches gerade mir passieren?

- Ich vertraue darauf, daß ich auch mit der phantasierten (unrealistischen) Katastrophe (von Krankheit, Schuld, Scham, Einsamkeit, Armut, Wahnsinn, Chaos usw.) letztlich irgendwie zurechtkäme. Ich vertraue auf etwas Unzerstörbares in mir.
- Ich vertraue meinen Kräften, die Spannung auszuhalten, wenn ich meinen Zwangsbefriedigungen nicht nachgebe. Warum sollte ich nicht das gleiche schaffen wie viele Zwangskranke vor mir auch?
- In meinen Ängsten vor Verdammnis vertraue ich auf einen gütigen Gott, der die Zwangskranken kennt und liebt.
- Ich vertraue auf die wissenschaftliche Erkenntnis, daß Zwangsbehandlung auch dann wirksam ist, wenn die Unbegründetheit meiner langfristigen Befürchtungen nicht bewiesen werden kann (z. B. Strahlenschaden, Aids, Hölle).

Und vor allem (dies gilt dem häufigen Nährboden der Zwänge):

- Ich vertraue darauf, daß ich trotz aller Mängel und Fehler liebenswert bin.
- Ich vertraue darauf, daß ich auch ohne bestimmte Bezugspersonen lebensfähig bin und glücklich sein kann.
- Ich vertraue darauf, daß ich mich wehren darf und auch kann. Ich vermag – wenn nötig –, meine Bedürfnisse durchzusetzen – und das nicht nur, wenn es um die Zwänge geht!

Wie nun gewinnt man dieses Vertrauen? Wie gewinnt ein ängstliches Kind Vertrauen zum Meer? Man zeigt ihm vielleicht schon im Trockenen, wie Schwimmen geht. Man nimmt es bei der Hand und geht mit ihm gemeinsam den Strand entlang, ein klein wenig ins seichte Wasser, man hält es, führt es, leitet es an, geht allmählich ins tiefere ...

Zum Vertrauen, nicht zu ertrinken, komme ich nur durch *Erfahrung*. Hindern mich Angst und fehlendes Können, brauche ich eine kompetente Vertrauensperson. Eine warme, fürsorgliche, einfühlsame, tüchtige und erfahrene Begleitung mindert die Angst, macht mutiger, läßt es mich versuchen ... und siehe: Das Wasser trägt mich!

Die hier vorliegenden Briefe sind ein sehr persönliches »An-die-Hand-Nehmen« des Zwangskranken. Versuchen Sie, der Autorin zu glauben. Sie hat selbst 27 Jahre an einer schweren Zwangsstörung gelitten und sich durch eine Verhaltenstherapie völlig davon befreit (Ulrike S., Crombach u. Reinecker 1996). Das ist über zehn Jahre her. Seit etwa sieben Jahren unterstützt sie als Kotherapeutin meine Arbeit mit Zwangskranken. Eigentlich sind wir ein gleichwertiges Team geworden, in dem sie den zentralen Übungs- und Handlungsteil übernommen hat. Ein Teil der Therapiesitzungen erfolgt gemeinsam mit dem Patienten oder der Patientin. Die Arbeit des »Schwimmlehrers« leistet vorwiegend die Autorin, besonders wenn in der Außenwelt geübt werden muß. Frau S. schreibt gern, und im Lauf der Jahre hat sie mir Hunderte Therapieberichte zukommen lassen. Ebenso hat sie schon früh begonnen, ihren Patienten Motivationsanstöße, Übungsanleitungen und, wie sie sagt, »hilfreiche Gedanken« aufzuschreiben. Die Patienten sollten für die schwierige Alltagsbewältigung eine Stütze, eine Begleitung in der Hand haben. Und so sind die vorliegenden Briefe zustandegekommen. Sie wurden für dieses Buch da und dort ergänzt, um allgemein verständlich zu werden. Persönliche Kenndaten wurden verändert. Nicht verändert wurde der Stil, was allerdings auch bedeutet, daß manches recht österreichisch oder gar tirolerisch klingt. Fallweise stehen dann in Klammern hochdeutsche Übersetzungen. Nicht nur die Zwänge sind sehr verschieden – auch die Persönlichkeiten, die davon geplagt sind. Und so braucht jeder eine für ihn »maßgeschneiderte« Vorgangsweise und einen speziellen Umgangston. Dabei ist zu bedenken, daß auch jeder Therapeut seinen persönlichen »Ton« hat – und natürlich jede Kultur und Gegend. Die österreichische Art ist da vielleicht ein bißchen charmanter, lässiger, softer, spielerischer als anderorts.

Die Briefe sollen Ihnen Mut machen, eine fundierte Verhaltenstherapie zu beginnen. Sie können das Buch auch während der Therapie zur Anregung benutzen. Alles, was Ihnen hilft, Ihr Selbstvertrauen zu stärken und sich nicht weiter vom Zwang tyrannisieren zu lassen, ist gut. Nur, am neuen Handeln und am Aushalten der anfänglichen Anspannung kommen Sie nicht vorbei. Dazu brauchen Sie Mut und Vertrauen. Lassen Sie sich von den Briefen *an die Hand nehmen*.

PS: Erwarten Sie von Ihrem Therapeuten bitte keine Briefe! Er muß von seiner Arbeit leben und hat darum keine Zeit zum Briefeschreiben.

# Briefe von Ulrike S.

## Einleitung

Vorweg möchte ich mich an die Betroffenen wenden. Das Kontaktaufnehmen zu meinen ehemaligen Leidensgefährten liegt mir besonders am Herzen.

Dann ein Brief als »Vorspann« an angehende Psychotherapeuten und, ja, so keck bin ich, an berufserfahrene Therapeuten.

*Liebe Betroffene!*

Letztes Jahr war ich bei einem Treffen von Zwangskranken (anläßlich der Jahrestagung der Deutschen Gesellschaft Zwangserkrankungen). »Zweifelkranke« werden wir auch genannt. Dieser Begriff klingt milder, aber er ist nicht so geläufig. Dem Zweifel folgt oft der Zwang, etwas zu unternehmen. Ob Zwang oder Zweifel, die Krankheit ist eine große Plage. Ohne Therapie wird diese Plage fast immer größer. Kommt man in falsche Therapiehände, dann ist das ein Jammer.

Bei diesem Treffen von Zwangskranken ging es ziemlich zwanglos zu. Das heißt, wir hatten keine Scheu, über sehr vieles zu reden, was unsereinen plagt. Ganz konkret und ohne falsche Scham konnten wir die Dinge angehen.

Beeindruckt von so viel »Praxis« hatte mich damals eine Betroffene gefragt: »Könnten Sie nicht drüber schreiben?« Wer hört das nicht gern? Zumal ich daheim schon allerlei in der Schublade in Vorbereitung hatte.

Dem Rat meines früheren Therapeuten folgend, habe ich in

meinen Briefen an Sie so etwas wie einen Wegweiser angelegt. Dies scheint praktisch wegen der »Ansteckungsangst« der ohnedies Ängstlichen. Es gibt Patienten, die fürchten, ihre Zwangsphantasie könnte noch mehr angeregt werden, wenn sie von den Symptomen anderer hören. Ich kann mich erinnern, daß ich mir in meinen ersten Therapiewochen die Ohren zugehalten habe, wenn der Therapeut von den »Merkwürdigkeiten« anderer sprach. »Was ich nicht weiß, macht mich nicht heiß.«

Wenn Sie wollen, können Sie sich also auch sozusagen die Ohren zuhalten, wenn es um Kapitel geht, die mit Ihren Symptomen nichts zu tun haben und die Sie nicht betreffen. Wenn Sie möchten, können Sie über die im Grunde sehr ähnlichen Probleme anderer irgendwann auch einmal lesen. Weil Sie einfach neugierig drauf sind, wie diese mit ihrer Erkrankung fertig werden. Die Symptome der anderen Zwangserkrankten sind oft unterschiedlich; deren Befürchtungen, die Angst und die Sorgen ähneln sich sehr. Die Therapie entspricht den gleichen Prinzipien. Mit wachsender Sicherheit und Abbau der Zweifelei wird die Bereitschaft und die Sorge geringer, Zwänge anderer zu übernehmen, sozusagen abzuschauen. Das soll auch so sein, sonst müßte man ja wiederum ängstlich durch das Leben gehen. Therapie soll doch auch heißen, mit neuen Situationen in der Zukunft umgehen lernen.

Ich denke da an eine Selbsthilfegruppe, die auch Vor- und Nachteile bietet. Einerseits muß ich mir anhören, worunter andere leiden. Andererseits bin ich dort nicht mehr so allein mit dieser scheinbar so ungewöhnlichen Erkrankung.

Wenn ich eine neue Zwangskranke oder einen Zwangskranken kennenlerne und mir über die Symptome berichtet wird, dann stelle ich fest: »Jetzt hat der Zwang also wieder etwas aus dem Alltag zum Bedrohlichen gemacht.« Da begegnet mir ab und zu etwas – daheim oder unterwegs, beim Friseur, in der Bahn, im Farbengeschäft, beim Rechnungbezahlen, oben auf dem Berg oder unten am Wasser, in der Kirche, beim Fernsehen, beim Verlassen des Hauses, beim Arzt, beim Enkelkindhüten und beim Anfassen von irgendwas – und ich denke mir: »Ach, das ist es, was die Arme plagt, das ist es, was meinem früheren Leidensgefährten das Leben versaut!« Ich kann mich einfühlen, aber ich weiß jetzt, damit umzugehen.

In der Erkrankung spielt der Zwang die Dinge hoch. Aus Harmlosem wird große Bedrängnis. Hier nicht mehr mittun zu müssen, das ist schon das Größte! Es ist wirklich das Größte, weil nachher erst das Eigentliche, das Wesentliche kommen darf. So, wie *Sie* es anstreben, und nicht, wie Sie in dieser Krankheit *gezwungen* werden.

Es kann kein Therapieschritt zu schwer sein im Vergleich zu dem, was Sie dafür gewinnen.

Glauben und vertrauen Sie mir: Ich weiß, wovon ich spreche!

Und jetzt möchte ich mein Versprechen von damals beim Treffen einlösen und an die gezwungenen, unsicheren, zweifelnden ehemaligen Leidensgefährten schreiben.

*Es grüßt Sie herzlich, Ihre Ulrike S.*

*Liebe (angehende) Therapeuten für Zwangskranke!*

Darf ich Sie in der Vorstellung zu einem Seminar führen? Dort gibt es angehende Psychotherapeuten, die lernen sollen, unsereinen zu verstehen und zu therapieren. Seien Sie neugierig, was passiert!

»Stellen Sie sich vor, Sie litten an einer Zwangsstörung! Sie hätten, sagen wir, einen Waschzwang und große Schwierigkeiten, mit Ausscheidungen anderer in Berührung zu kommen. Vielleicht sollten wir beiseite lassen, wie Sie überhaupt in diesen Seminarraum hereingekommen sind; wie Sie die Türe am Hauptportal öffnen konnten; ob Sie das selbst geschafft haben oder ob Sie warten mußten, bis jemand vor Ihnen das Haus betrat und Sie ohne Türklinkenkontakt mitschlüpfen konnten. Diskutieren wir nicht, ob Sie die sechs Stockwerke zu Fuß hoch gingen, um den Liftknopf zu umgehen. All das wollen wir jetzt beiseite lassen, sonst wird es zu kompliziert. Sie sind also irgendwie in diesen Seminarraum hereingekommen und verspüren plötzlich den dringenden Wunsch, die Toilette aufzusuchen.

Wer von Ihnen möchte dieses Kunststück versuchen? Das WC liegt am Ende des Gangs rechts, ein Waschbecken befindet sich am Gang selbst, also außerhalb der Toilette.«

Was hier wohl etwas merkwürdig anmutet, war die Aufforderung zu einem Rollenspiel anläßlich des Workshops für Psychotherapeuten in der Ausbildung. Gelernt werden sollte, sich in das komplizierte, sorgenvolle Leben des Zwangskranken einzufühlen.

Ein Freiwilliger machte sich hurtig ans Werk. Die Tür aus dem Seminarraum hinaus, die packte er im Sturm. Er wollte seine Hände schonen, also schwang er sein Bein hoch und drückte die Klinke mit dem Fuß. Sehr geschickt machte er das, ums Aufsehen mußte er sich in diesem Rahmen ja nicht kümmern!

Der Ausbildungskandidat weiß, was einen Waschzwang freut: Er möchte sich vor dem Toilettengang die Hände waschen. Doch nun kündigen sich die ersten Schwierigkeiten an. Er sieht nämlich ein, daß er den Wasserhahn nicht schließen kann. Er würde dabei wiederum seine Hände beschmutzen. Er hat Glück, denn keine kritisch beobachtende Toilettenfrau schaut zu, sondern nur seine amüsierten Studienkollegen. Diese erlauben ihm, das Wasser rinnen zu lassen, weil ihnen auch nichts Besseres einfällt. Eine Tür zum WC muß der nun schon Geplagte öffnen. Er macht das mit dem Ellenbogen. Nun müßte er zwar zu Hause den dikken Pullover waschen, aber anscheinend denkt er daran jetzt nicht. Wie kriegt er den WC-Deckel auf? Er hat keine Tempos dabei wie jeder gut ausgerüstete Waschzwang. WC-Rollen wären da, aber man sagt ihm, daß diese sein Berührungszwang nicht anfassen mag. Unser zunächst so unternehmungslustige Student weiß nicht mehr ein noch aus. Er kapituliert.

Er seufzt erleichtert auf, weil er sich jetzt wieder seines »Gesundseins« erfreuen darf, er macht die WC-Tür von innen zu und darf nun ganz zwanglos die Toilette benützen!

»Sehen Sie«, sage ich, die Insiderin und ehemals Betroffene, etwas boshaft. (*Die* sollen nur erfahren, was einem Zwang das Leben schwermacht.)

»Sehen Sie, deshalb bleiben Sie mit solch einem Zwang lieber zu Hause. Denn da haben Sie Ihre eigene, ganz persönliche, fast sicher saubere Toilette.«

Auch damals habe ich an die Idee mit den Briefen gedacht. Ich wollte so gern zeigen, was Kotherapie bei Zwangsstörungen für mich bedeutet und was ich an Erfahrungen weitergeben könnte. Kotherapie bedeutet für mich sehr oft die Hilfe in äußerst kleinen Schritten. Das verlangt die Unsicherheitskrankheit mit ihrer großen Ängstlichkeit.

Ich hätte mir so manches Mal gewünscht, interessierte Studenten, ja sogar Therapeuten oder auch Betroffene möchten als unsichtbare Teilnehmer dabeisein und so richtig hautnah miterleben, was es heißt, Schritt für Schritt mit einem Zwang fertig zu werden. Weil das nicht möglich ist, deshalb die Briefe.

Außer der Geschichte von dem Zwangspatienten, der von sich verlangte, ein »Beinaheheiliger« zu sein, dem Herrn Vinzenz mit den religiösen Zwängen, den Schuldzwängen und sexuellen Zwängen, würde ich keine Bedenken haben, allen das ganze Buch zum Lesen anzuvertrauen.

Lesen Sie die Geschichte von Herrn Vinzenz, wenn Sie sich in seinen Zwanghaftigkeiten wiederfinden. Später einmal, innerhalb der Therapie, finden sicher auch andere Zwangskranke Hilfreiches in dem Bericht über Herrn Vinzenz. Ich habe mich immer um einen möglichst einfühlsamen Stil für alle bemüht!

Und ich habe versucht, daß möglichst viele von Ihnen in den jeweiligen Briefen etwas für sich herausholen können. Ansprechen möchte ich Interessierte. Ob sie nun gesund sind oder krank am Zwang.

Helfen sollen sie, die Briefe!

PS: Das Erzählen muß manchmal sehr detailliert und auch konkret sein. Das verstehen ganz sicher die Betroffenen. Es sind dies in Briefe gefaßte Berichte über den ganz praktischen Teil von

Verhaltenstherapie bei Zwangskranken. Belletristik kann das nicht sein.

Was die Sprache betrifft, so habe ich mitunter versucht, den Gesprächsstil des jeweiligen Patienten wiederzugeben. Wenn ein Patient zum Beispiel sagt, er habe das Gefühl, er sei »drekkig«, dann meint er das auch so. »Unsauber« wäre für die Beschreibung seines Leidens nicht der richtige Ausdruck und würde von ihm auch nicht verwendet.

*Herzliche Grüße, Ihre Ulrike S.*

## Über die Anordnung der Briefe

*Liebe Betroffene!*

Eigentlich wollte ich Ihnen ein wohlgeordnetes Buch übergeben. So, wie es unsereiner gern mag. Mit einem schönen Inhaltsverzeichnis und einer Folge der Kapitel, geordnet nach Art der Zwänge. Ich habe mich an den großen Tisch gesetzt und alles ausgebreitet, was ich an Skripten zum Buch besitze. Da habe ich gesehen, daß mein Ordnungsvorhaben scheitern muß: In Händen halte ich zum Beispiel einen Brief an jemanden, der an Waschzwang erkrankt ist. Doch auch der Ordnungszwang macht dem Armen recht zu schaffen. Wo soll ich ihn nun einordnen?

Manchmal behandle ich ein ganz allgemeines Problem, etwa wenn ich über die *Wichtigkeit des Variierens* spreche oder über die Norm (»Das ist doch nicht so üblich«). Es gibt Kurzbriefe und es gibt sehr ausführliche »Schritt-für-Schritt«-Briefe. Manchmal spreche ich Betroffene mit Namen an, manchmal meine ich Betroffene allgemein. An ausgebildete und an angehende Therapeuten wende ich mich und an Angehörige von Erkrankten.

Ich habe mir gedacht: Bevor ich mir den Kopf darüber zerbreche und ganz ratlos werde, wie ich das Ordnen angehen soll, schreibe ich Ihnen über diese Unmöglichkeit.

Ich werde das tun, was Sie in der Therapie gegen den Zwang lernen sollen: Ich werde Ihnen eine *unvollkommene* Ordnung bieten!

Wie hatte der Therapeut seinerzeit zu mir gesagt, damals als ich noch glaubte, es gäbe absolute Sauberkeit, Sicherheit, Ordnung, Schuldlosigkeit, Risikofreiheit, Genauigkeit ...: »Es ist gleich, wo Sie Ihre Hausschuhe hingetan haben. Finden müssen Sie sie!«

*Liebe Grüße, Ihre Ulrike S.*

## Der Erfolg liegt in der Wiederholung

*Liebe Betroffene!*

»Wenn Sie die Fühler einer Schnecke vorsichtig berühren, zieht sie diese rasch ein. Tun Sie das fünfzehnmal hintereinander, so hört die Schnecke auf, ihre Fühler zurückzuziehen.« Als ich das in der Therapiestunde hörte, da protestierte ich: »Was macht man denn mit so einer armen Schnecke für Versuche?« Nun ja, das ist eben Verhaltensbeobachtung. Wir müssen in der Zwängetherapie diese Wiederholungen über uns ergehen lassen. Im Gegensatz zur Schnecke profitieren wir auch noch.

Was Zwangskranke in ihrem Lernen von der Schnecke unterscheidet, das ist die Notwendigkeit der Unterstützung durch hilfreiche Gedanken (kognitive Verhaltenstherapie) während der Wiederholungen. Ich muß mir beim »Andershandeln« klar darüber sein, *weshalb* ich jetzt so und nicht anders handeln darf.

Vielleicht liegt der Gewöhnungseffekt bei unserer Schnecke darin, daß sie nicht allzu viel über ihr Verhalten nachdenken muß. »Die glückliche Schnecke«, das habe ich mir während der Therapie oft gedacht. »Einmal nicht nachdenken müssen, einmal den Kopf auf Urlaub schicken, das wär's!«

Verzagen Sie nicht! Es wird die Leistung Ihres Lebens sein, wenn Sie jetzt dranbleiben.

*Liebe Grüße, Ihre Ulrike S.*

## An die Ordnungszwänge

Ihr denkt, ich verstehe Euch nicht? Ich glaube, ich tu' es doch!

Ich verstehe diesen Drang, die Dinge nicht zu verändern, Althergebrachtes zu bewahren, Gewohntes wiederherzustellen und keine Verluste zu erleiden. Und all das in einem Ausmaß, das andere nicht verstehen können. All das unter Druck und bis ins Kleinste ausgefeilt, nach Regel und Gesetz. Ohne Sinnhaftigkeit mehr, nur noch, um dem Zwang gefällig zu sein. Eine Ordnung, die nur dazu da sein soll, das momentane Wohlbefinden zu gewährleisten und das Gefühl von Sicherheit zu geben in dieser unsicheren Welt. Eine kleine Insel der Geborgenheit und der Ordnung zu haben im Chaos rundherum.

Einmal lief mir ein Ordnungszwang über den Weg. Nicht direkt über den Weg, denn ich saß bei Rot im warmen Auto, während der Ordnungszwang in der Kälte die Kreuzung überquerte. Sichtlich frierend und zusammengezogen, mit ernstem konzentrierten Gesichtsausdruck ging er des Wegs.

Seine warme Jacke hing zu Hause in der Garderobe. Deren Aufgabe war nur *ordentlich zu hängen*. Das Aufhängen und Zurechtstreichen hatte soviel Mühe gekostet, das wollte er nicht schon wieder erledigen müssen.

Später dann ging's diesem Ordnungszwang schon besser: Da hatte er sich einen Lieblingssatz zurechtgelegt, einen hilfreichen Gedanken: In welchem Gesetzbuch steht geschrieben, wie die

Dinge liegen und stehen und hängen sollen? *Und hat mutig die Jacke über den Stuhl geworfen!*

Einen anderen Ordnungszwang kannte ich. Eigentlich war's eine Frau, die Renate. Von der erzähle ich Ihnen auch. Sie litt an Ordnungszwang und an Waschzwang und an noch vielerlei Zwanghaftigkeiten mehr. Sie war lieb, aber beim Zwängeln eisern. Im zwanghaften Tun war sie so konzentriert und bei der Sache, manchmal glaube ich, sie tat's beinahe in Trance, so wichtig war das *regelhafte, richtige Tun*. Da mußte ich sie wie aus einem Traum holen. Sie war dann recht verzweifelt, weil ich ihr den Anfang zerstört hatte. Der Anfang war so schwer und wichtig. Wenn der Beginn mißglückt war, so bedeutete dies Chaos für das ganze weitere Leben. Da sieht man wieder einmal, wie weit es der Zwang treiben kann!

Was für ein zeitliches Ausdehnungsvermögen er auch in die Zukunft hat. Ich kenne so einige Zwangspatienten, bei denen reichen die zwanghaften Befürchtungen über ihr Ende auf dieser Welt hinaus bis ins Jenseits.

Einmal saß Frau Renate also »ordentlich und sauber« in ihrem Zimmer, während ihre Studienkolleginnen in der Küche Pasta asciutta aßen – diese köstliche Speise, von der man allerdings leicht rote Spritzer auf das T-Shirt bekommt.

»Das darf nicht sein«, sagte ihr Zwang. »Bleib da im Zimmer! Die Küche ist nicht rein genug für dich!«

Der vom Zwang auferlegte Arrest fiel ihr damals furchtbar schwer, denn in der Küche war es so lustig zugegangen. Seither frage ich sie: »Was wollen Sie lieber, im Zimmer sitzen oder in der Küche Nudeln essen?« Nudeln essen ist gleichbedeutend mit: Tun, was *sie* will, und nicht, was der Zwang verlangt.

Jetzt erzähle ich Ihnen, wie sich Frau Renate Schritt für Schritt an das *zwanglose* Wäscheaufhängen heranarbeitete: Wir haben viel mit »anders« probiert: Nur mit der linken Hand, weil diese bei der Rechtshänderin Renate nicht so geschickt und perfekt arbeiten kann. Wäsche muß trocknen können, mehr nicht. Mit geschlossenen Augen, um das Arbeiten nicht kontrollieren zu können und um der Zufälligkeit mehr Raum zu lassen. Dann wieder mit offenen Augen und bewußt »unordentlich«. Dies *sehen* zu müssen ist schwer. Mangel an Perfektion aushalten lernen! Schnell arbeiten, gar nicht lang nachdenken!

Sogar auf einem Bein balancierend haben wir Wäsche aufgehängt. Das mindert die ausschließliche Konzentration auf das, was die Hände tun. Außerdem hat das für ein kleines Lächeln auf Renates angestrengtem Gesicht gesorgt. Das war auch wichtig.

Die Handlung zu unterbrechen war eine schwierige Herausforderung. Das geht so: plötzlich, möglichst spontan während des Arbeitens stoppen, etwas anderes tun; zum Beispiel etwas trinken, plaudern, zum Fenster hinausschauen, also absichtlich mit der Konzentration weg von der Wäsche! Dann wieder weiter arbeiten. Ich weiß, das ist schwer.

Man möchte lieber wieder von vorn anfangen, die Arbeit in einem Stück durchziehen.

Denken Sie an das zwanghafte Kontrollieren am Herd! Der an Kontrollzwang Leidende schaut auch lieber *in einem durch* die ganze Knopfreihe ab. »Alles, oder es gilt nicht«, so argumentiert der Zwang.

Für Renate war es am schwersten, ein Wäschestück auf der Stuhllehne aufzuhängen. Welch ungewöhnliche »Wäscheleine«, noch dazu sicher nicht ganz sauber! Allein gelassen, mußte Renate das alles selbst probieren. Am schwersten fiel ihr das Unterbrechen.

Auch das Ende einer Handlung ist für viele, eigentlich für alle Zwangskranke kritisch. Jetzt erweist es sich, ob der Zwang zufrieden ist oder nicht. Wie ein erbarmungsloser Zuschauer beäugt er sein Opfer, um beim erhofften Abschluß einer Handlung noch ganz schnell zustoßen zu können. Klingt dramatisch, nicht wahr, aber es ist so.

»Warum rennen Sie denn plötzlich so schnell?« frage ich den religiösen Schuldzwang auf dem Heimweg vom »Therapieausflug«; wir sind kurz vor der Haustür. »Damit ich noch schuldlos und *rein* durch das Tor hineinkomme.«

Wäre es das Himmelstor, dann müßte er nicht so ängstlich sein. Dort richtet nicht der Zwang, Gott sei Dank!

Jetzt fällt mir ein, weil ich doch dauernd von Ordnung spreche, daß ich der Sabrine noch einen Brief schreiben muß. Das habe ich ihr versprochen. Also dann:

*Liebe Sabrine!*

Ich habe gerade mit den Ordnungszwängen gesprochen, da sind *Sie* mir eingefallen. Schade, daß Sie so weit entfernt wohnen. Sie haben mir erzählt, Ihr Zimmer sei ein »Saustall«. Das freut mich sehr. Das würde ich gern sehen. (Ich bin einfach so mißtrauisch; daran ist der Zwang schuld.)

Wenn eine Patientin, die an Ordnungszwang leidet, zu mir sagt: »Bei mir daheim herrscht Chaos«, dann muß ich gleich belehrend werden und sagen: »Auch ein sogenanntes Chaos (so wild wird es schon nicht sein!) muß veränderbar sein. Ich habe schon so viel geordnetes Chaos gesehen, und nirgends gab es ein Fleckchen, wo ich mich hinsetzen durfte. Nichts durfte ich anfassen. Chaos darf nicht starr sein, es muß möglich sein, den ›Saustall‹ jederzeit zu verändern und dann auch wieder einmal aufzuräumen. Das ist wie bei den an Waschzwang Leidenden: Auch diese müssen lernen, mit Sauberkeit und Schmutz *flexibel* umzugehen.«

So ein Ordnungszwang kann ganz schön zäh sein. Was der für einen Widerstand leistet, das möchte man gar nicht für möglich halten. Macht so viel Wind und bewirkt gar nichts.

Sabrine, Sie plagen sich um kleinste Handgriffe, und niemand ist da, um Ihnen lobend auf die Schulter zu klopfen mit ermutigenden Worten wie: »Super Sabrine, wie Sie heute den Mantel im Büro aufgehängt haben, das ist einfach ein Traum. Niemand unserer Mitarbeiter hängt so beispielhaft ordentlich, zwei Zentimeter von der Wand entfernt, stets auf demselben Haken, den Mantel auf. Ich überlege eine Gehaltserhöhung für soviel Ordnungssinn.«

Nein, so spricht niemand. Eher droht die Kündigung, weil

niemand versteht, weshalb Ihre Arbeit so langsam vonstatten geht.

Nicht nur im Büro gibt's Ärger. Auch daheim. Dort tobt der Zwang sich noch ausgeprägter aus, denn der Zwang braucht Zeit, und die hat er daheim. Dort gibt es auch keinen Chef und keine Mitarbeiter, sondern Familie, und die verträgt schon mehr.

Sie sagen, Sie kommen schon morgens so schwer aus dem Haus. Auf der Kleidung darf kein Fleck sein. Weshalb? Fürchten Sie die Kritik? Nein, das ist es bei Ihnen nicht. »Das wäre mir wurscht«, sagen Sie. Was dann? Ich glaube, ich weiß, was es ist: Da ist etwas, was *nicht sein darf*. Da ist etwas, das *weg muß*, und *ich muß es tun*. Dieses »Ich muß es tun« ist mir noch gut in Erinnerung, und dann der Gedanke: »So viel Arbeit«. Immer muß man etwas tun, nie kann man es lassen.

Also, Sabrine, wir wollen etwas probieren. Wir wollen den Zwang ärgern und *große* Taten setzen.

Ein *wenig* verschieben, ein *bißl* anders hinstellen, nur so ein wenig und ja nicht mehr, das bringt es offenbar nicht. Das reicht nicht zum Gesundwerden. Das imponiert dem Zwang nicht. Wir wollen solche Veränderungen probieren, daß der Zwang die Luft anhält.

Ich erzähle Ihnen, wie ich mir das vorstelle. Nicht erschrecken! Es geschieht nichts, was Sie nicht wieder anders machen könnten. Es geschieht nichts Endgültiges. Nur eine Veränderung, nur eine *Aufforderung zum Anderstun.*

Ich weiß, daß Sie noch ihre Kleiderschränke hüten, obwohl es rundherum schon ziemlich locker zugeht. Diese Kleiderschränke!

Gehen Sie mutig auf den Schrank zu. Sie können nett zu ihm reden, aber auch ordentlich schimpfen und wüten, weil er sich so viel einbildet. Patienten mit gepflegter Ausdrucksweise produzieren manchmal die tollsten Ausdrücke, wenn sie ermuntert werden, dem Zwang die Meinung zu sagen.

Dann holen Sie so spontan wie nur möglich, ohne »zwanghafte Überlegungen« einen Stapel an Wäsche oder T-Shirts oder

Pullover aus dem Schrank heraus. Sie landen diesen auf den Boden (wie wär's mit Schwung und etwas Zorn auf die Zwängelei!), lassen die Schranktüren weit offen. Ausgiebig auf das Malheur am Boden schauen, tapfer auf das gähnende Loch im Schrank blicken. Nicht wegschauen, hinschauen! Lassen Sie diese Veränderungen auf sich wirken! Bleiben Sie lange im Raum, Sie sollen merken, daß Ihre Anspannung nachläßt. Daß die Anspannung auch beim Aushalten nachläßt (nicht nur, wie bisher, beim schnellen Wiederaufräumen!). Weggehen, etwas anderes tun, zurückkommen, schauen! Aus dem Haus gehen, wieder begutachten kommen. Wenn Sie Lust dazu haben, können Sie mit dem Schrank reden. »Gell, da schaust blöd, wozu ich imstande bin, das hättest du dir nicht gedacht. Ab heute bin ich der Herr im Haus, nicht du!« Wenn Sie wollen, können Sie ein paar Kleidungsstücke in den Schrank zurücklegen, je kunterbunter Sie das schaffen, um so toller ist der Erfolg. Es geht um *Ihre* Zukunft, nicht um die Ihres Kleiderschranks.

Gute Nacht! Schranktüren offenlassen! Beklagen Sie sich nicht, falls Sie heute Nacht schlecht schlafen. Es geht um mehr als darum, vorübergehend schlecht zu schlafen.

*Ihre Ulrike S.*

*Liebe Sabrine!*

Ich habe lange Zeit den Zwang, der Sie plagt, also den Ordnungszwang, in der Kotherapie mit spitzen Fingern angefaßt. Beim Waschzwang bin ich daheim, das versteht sich. Auch der Kontrollzwang ist mir alles eher als fremd. Schuldzwänge haben mich durch die Kotherapie unterrichtet.

Beim Ordnungszwang habe ich viel in Büchern gesucht, mir beim Therapeuten Rat geholt und mich vor allem mit den Patienten beraten. Ich bin immer froh, wenn ich nicht die Alleinige sein muß, die sich die Übungen ausdenkt. Ich möchte viel lieber sagen: »Machen wir es zu zweit. Ich helfe Ihnen, aber Sie müssen auch etwas dazu beitragen.« Man kommt sich, als Vertreter des praktischen Teils in der Therapie, ohnedies oft wie ein Quälgeist vor.

Es gibt Patienten, die sagen wörtlich: »Ich brauche einen Fußtritt, damit etwas weitergeht.« Nun gut, das ist auch ein Auftrag. (Es braucht ja nur ein symbolischer Fußtritt zu sein!)

Es gibt Patienten, die möchten reden und diskutieren und ihre Probleme hinterfragen, bis die, sagen wir, zwei Stunden praktischer Betreuungszeit abgelaufen sind. Wir müssen *Erlebenstherapie* machen. Gesprächstherapie gibt es beim Therapeuten.

(Doch, wir üben auch in der Stunde beim Therapeuten, und wir reden viel vor, während und nach den Übungsbegegnungen zu zweit.)

Aber wozu erzähle ich Ihnen das alles!

Sie werden mit einem Fleck auf der Hose aus dem Haus gehen, das weiß ich. Noch dazu mit einem, den Sie sich absichtlich verpaßt haben. Mit einem Fleck, der die Ordnung stört. Oder, wie ein Patient einmal sagte: »Er stört die Optik.« Sicher hat der »Fleck« auch mit Kritikangst zu tun, darüber wollen wir in der Therapiestunde zu dritt sprechen. Zwangskranke können mit Kritik oft schwer umgehen.

Alles auf der Welt, das harmlos ist, ist »brauchbar« für den Zwang. Also nehmen Sie ihn mit, Ihren Fleck, ich bin neugierig, ob Sie ihn wieder nach Hause bringen oder ihn gar irgendwo verlieren. Nicht so schlimm, dann machen Sie sich eben einen neuen!

*Bravo! Ihre Ulrike S.*

*Liebe Sabrine!*

Ich glaube, mit uns »geht's bald dem Ende zu«! War doch nicht so schlecht aufgebaut, das Üben, oder? Von kleinen Übungen zu Beginn und zum Üben ein wenig über das Maß bis hin zur Ihrer

Kleiderschrank-Übung. Das hatte sich alles so aus der Situation ergeben.

Ich hatte einmal eine Patientin zur Mitbetreuung übernommen, die wußte sehr vieles besser. Sie hatte – leider – reichlich Erfahrung aus Vortherapien. »Was haben Sie für einen Plan?« fragte Sie mich zu Beginn des ersten Übungsnachmittags. »Einen Plan? Mein Plan ist, daß ich Ihnen beim Gesundwerden helfen möchte.«

Diese bedauernswerten Therapieprofis unter den Patienten! Die können wie verdorbene Kinder sein, denen fehlt oft jede nötige Naivität!

Was nützt die schönste Aufstellung eines Therapieplans, exakt der Hierarchie der Zwänge und der Notwendigkeit für den Alltag entsprechend? So ein Plan wird doch gleich in den ersten Übungstagen umgeworfen.

Wenn Therapie begonnen hat, dann kann es schon vorkommen, daß ich zu einer Betreuung mit dem leicht unguten Gefühl gehe: »Wie mache ich es heute? Was wäre heute gut?«

Ob am Telefon oder vor Ort, das Gespür für die jeweilige Notwendigkeit stellt sich meistens schnell ein. Nicht wahr, Sabrine? Wenn wir nur einmal anfangen, dann wird uns nicht langweilig!

Wer ganze Schritte nicht schafft, wird zu halben ermuntert. Daß ein Patient wegen »Nichttherapierbarkeit« wieder gehen mußte, das habe ich noch nicht erlebt.

Liebe Sabrine, vielleicht sollten Sie mit den Dingen überhaupt umgehen wie gute Eltern mit ihren Kindern: Sie lieben sie, aber sie lassen sich von ihnen nicht auf dem Kopf herumtrampeln.

Ich denke da an mein Enkelkind neulich in der Buchhandlung. Ich sage: »Diese Bücher sind zum Angreifen, aber all die andern darf man nur anschauen.« Der Bursche versteht's, gerade erst zwei Jahre ist er. So ein kluger Kerl und so brav. Ist doch auch mein Enkelkind. Bald darauf fällt ein dicker Bildband polternd aus dem Regal, ein zweiter folgt nach. Ich räume mit rotem Kopf ein, ich kann mir nicht vorstellen, daß ich

»Sch. . .e« gesagt habe, das sage ich doch sonst kaum. Jetzt sind zwar die Bücher drin, aber der Bub ist weg. Bereits ein Stockwerk höher grinst er frech zu seiner Oma herunter. So schnell war ich noch nie, ich heb' ihn auf, er macht sich schwer wie ein Kartoffelsack.

»So, jetzt kommst' wieder in den Wagen, mir reicht's.« Das Kind wirft sich auf den Boden und schreit. Die Verkäuferin, die mir schon beim Wiedereinräumen der Bildbände geholfen hat, schaut mitleidig her. Ich hieve das Kind in den Wagen, verschnüre das Paket ausbruchsicher und rolle hinaus. Das Mützchen vom Schätzchen sitzt locker. Ich binde es. Hat er jetzt »Seise« gesagt? Unmöglich, ich hab' mich verhört. »Waas hast du gesagt?« »Seise!«

Wie werde ich das seinen Eltern erklären? Das kommt davon, wenn man den Mund voll nimmt und so klug ist. Wer hilft mir nun aus der Patsche? Ach ja, ich hab's! Es war nicht das *Kind*, von dem wir uns nicht auf dem Kopf herumtrampeln lassen sollten. Es war das *Enkelkind* – da gelten eigene Gesetze!

*Ihre Ulrike S.*

## Kleiderschrankbewältigung eines Patienten mit Ordnungszwang

*Liebe Betroffene!*

Wenn ich die Bekanntschaft mit einem neuen Patienten machen soll und über dessen Probleme unterrichtet werde, dann beginne ich, mich gedanklich drauf vorzubereiten. Das heißt, ich krame in meinen eigenen Erfahrungen, überlege, was bisher bei von mir betreuten Patienten hilfreich war, und dann suche ich in Selbsthilfe- und Fachbüchern nach guten Tips. Für die an Waschzwang Erkrankten gibt es davon jede Menge. Außerdem war ich auch ein »Waschzwang«, so ist mir dieser nicht fremd. Bei den Kontrollzwängen fallen die Ratschläge bereits etwas spärlicher aus; bei den Ordungszwängen muß ich in Büchern recht mühsam nach praktischen Hilfestellungen suchen.

Ein Ordnungszwängler hat es auch sehr schwer. Auf der einen Seite zieht der strenge Zwang an ihm. Auf der andern Seite kann er auf wenig Verständnis hoffen von seiten seiner Mitmenschen: »Ist doch egal, wie und wo etwas liegt und steht! Wie kann man deshalb so ein Theater machen! / Die macht ja eine Wissenschaft aus dem Wäscheaufhängen! / Haben Sie gesehen, wie der seine Schuhe hinstellt? So viel Zeit möchte ich einmal haben, um mich einer solchen Lappalie endlos widmen zu können! / Wenn ich ihr beim Vorhangzurechtzupfen zusehe, könnte ich kribbelig werden! / Ist dir auch schon aufgefallen, wie der seine Kleidung nach einem Fleck absucht?«

So sprechen »Ahnungslose« über den armen Ordnungszwang, der sorgenvoll tut, was er tun *muß*.

Ich betreue zur Zeit den Herrn Max; er leidet an Ordnungszwang. Von ihm möchte ich Ihnen jetzt erzählen. Ich glaube, daß es für ihn in seiner Zweizimmerwohnung plus Küche keinen Handgriff zu tun gibt, den er nicht anzweifelt.

Wie bei vielen anderen Zwangspatienten, gleich an welcher Zwanghaftigkeit sie leiden, spielt hier der Kleiderschrank eine dominierende Rolle. (Schubladen, Fächer, ja sogar Handtaschen entwickeln sich gern zu dominierenden Zwangsbehältern). Der Schrank ist nun mal, neben dem Bett (seit der Computerzeit auch der PC), ein besonders gehütetes Territorium. Für Herrn Max ist er ein Tyrann, der ihn eisern in der Hand hat.

Wenn ich ab und zu Herrn Max schreibe, dann klingt mein Brief recht pädagogisch und eintönig. Meine Ratschläge haben etwas von langweiliger Lektion an sich. Das würde zumindest jemand finden, der oder die nicht am Ordnungszwang leidet. Der nicht besorgt vor dem Kleiderschrank stehen muß und sich dann nicht getraut, zum Langlaufen zugehen, weil er dann etwas aus dem Schrank »herausreißen« müßte. Etwas, das er oder sie natürlich nach dem Sport wieder hineinzulegen hätte.

Dann lieber daheim bleiben – so habe ich das in der Kotherapie erlebt.

Der Ausdruck »herausreißen« stammt wirklich von einer Patientin. Als ob sie sich das Kleidungsstück aus dem Herzen reißen müßte, so schwer war ihr dies zu Beginn der Therapie gefallen. An anderer Stelle habe ich auch über sie gesprochen. Das war die Frau, die später keck wurde und nach dem Gesetzbuch fragte, in welchem wohl geschrieben sei, was sie aus dem Schrank nehmen dürfe und was nicht. Ich traf die Frau kürzlich – sie war fröhlich!

Armer Herr Max!

Hier ist nun also Hausbesuch angesagt, gleichzeitig gefürchtet und erwünscht. Eigentlich mehr gefürchtet.

Wir setzen uns erst einmal vor den Kleiderschrank. Die vier Türen sind weit offen, damit man den Inhalt gut überblicken kann, sonst verlieren wir uns leicht im Detail. Das Detail, die Welt im Kleinen, das gehört zum Zwang.

(Ich merke das bei mir beim Zeichnen. Ein einzelnes Blatt oder eine Blüte zu zeichnen, das bedeutet mir mehr als eine ganze Landschaft. Wo andere mit weitausschwingendem Arm großzügig kreativ sind, Farbe kübelweise schütten und Riesenpapiere brauchen, fühle ich mich wohl, wenn ich die Fühler eines Schmetterlings zeichnen kann.)

Zurück zum Schrank. Wir sitzen also auf der Bettkante im Schlafzimmer und schauen. Eigentlich sind wir beide hundemüde, denn es ist schon Abend. Vor uns, die Schranktüren weit offen, da gibt es einen »Tyrannen«. Der linke Teil im Schrank ist so voll gestopft, daß ich mir nicht vorstellen kann, wie Herr Max noch etwas dazugeben oder herausnehmen könnte. Wenn er ein Stück herauszupfen muß, dann fällt garantiert etwas auf den Boden. Das darf nicht sein, weil er auch einen Waschzwang hat. Diese »Ordnung« ist für den Zwang da, brauchbar ist sie nicht. Bei meinem Patienten ist diese Ordnung auch für »die andern« gedacht, für Besucher, die eventuell einen Blick in den Schrank werfen könnten und einen Menschen nach seinem

Ordnungssinn beurteilen möchten. Die Kritikangst von Herrn Max ist besonders ausgeprägt. Dies äußert sich eben auch in den Zwängen: »Was werden andere dazu sagen?«

Dies wurde in der Stunde mit dem Therapeuten behandelt, und wir nehmen dieses Problem mit in die Übungen hinein.

So ein Hundeleben – daß Zwangspatienten so etwas überhaupt aushalten. Das zu verstehen fällt mir »Ehemaligen« nicht immer leicht. Diese enorme Leidensbereitschaft erklärt sich für mich aus der Zwangsangst und den Befürchtungen, die ständig antreiben und nicht rasten lassen. Die rastlose Krankheit!

Jetzt weiter. Der rechte Teil des Schranks ist praktisch leer. Drei peinlichst genau gefaltete Handtücher haben den Wechsel von links nach rechts geschafft. Das war nicht das Werk des Patienten. Irgendein »hilfreicher« Geist aus der Familie hatte diesen ersten Schritt für ihn gemacht. Eigentlich dürften Mutter und Vater schon längst nicht mehr dort helfen, wo der Zwang unterwegs ist. Aber diese Empfehlung klappt sehr mangelhaft. Da müßte Herr Max schon aus dem elterlichen Haus ausziehen. Das wäre prima für sein Fortkommen, aber es läßt sich nicht durchziehen. Die »hilfreichen« Geister meinen es oft gut. Manchmal wollen sie nur auch endlich einmal Ruhe haben. Aber sie sind mit dabei, den Weg in die völlige Hilflosigkeit zu pflastern.

Jetzt geht's nur einmal darum, rechte *und* linke Seite im Schrank vernünftig zu gebrauchen.

Eines möchte ich bei diesem Hausbesuch auf keinen Fall praktizieren. Nämlich, den ganzen Schrankinhalt einfach herauswerfen. Alles raus auf den Boden und dann neu links und rechts einräumen lassen. Das wäre praktisch und sinnvoll, aber für den Patienten wär's die reinste Katastrophe. Das würde nur Verzweiflung bewirken.

Er hätte das erduldet, weil ich es so wollte, Nutzen hätte er keinen davon gehabt.

Solche Gewalttaten könnten auch einen Therapieabbruch bewirken. Und davon möchte ich nicht einmal albträumen! Immer vorsichtig und sachte, das dürfen Sie, liebe Betroffene, von

Ihrem Therapeuten erwarten, wenn Sie sehr ängstlich sind. Den Fleiß und den Ernst müssen Sie allerdings selbst mitbringen.

Wir sitzen also vor dem Schrank und machen in der Vorstellung so etwas wie eine Skizze. Skizzen deuten nur an, Sie zeigen, wie das Ganze später einmal aussehen *könnte*. Der Zwang mag das nicht, er verlangt nicht nach Skizzen, sondern nach Endgültigem. Beim Wort *Skizze* hält sich der Zwang die Ohren zu, so wenig liegt ihm das Vorläufige.

Wir stellen uns nun also vor, wie die Einteilung praktisch wäre. Praktisch, damit man schnell findet, was man braucht.

Was die Ausführung betrifft, dränge ich auf das Wörtchen *vorläufig*. Was wir jetzt einräumen, ist vorläufig. Das heißt, das muß jetzt nicht unveränderbar und unverrückbar für immer gemacht werden. *Irgendwann* kann ich es anders machen. Irgendwann ist auch ein schwieriger Begriff für den Patienten. Das heißt, nicht heute, sondern vielleicht in einer Woche oder *sonst wann*. Oder überhaupt nicht, wenn er nicht *will*. (*Tun können* muß er es allerdings!)

Man kann Arbeiten in der Therapie *bewußt* und *langsam* machen, richtig wahrnehmen, was jetzt anders gemacht wird, *voller Konzentration* auf das neue Verhalten. Ohne Vermeidung, was das neue Therapieverhalten betrifft. Darüber haben wir schon öfters gesprochen.

Man kann aber auch *sehr schnell* arbeiten, wie in Eile. Wie wenn der Zug bald abfährt oder der Freund vor der Tür wartet. Mit Musik zur Ablenkung, im Gespräch mit jemand anderem. Das, was man hier tut, ist *nebensächlich*, man braucht dazu nicht die volle Konzentration. Ein Kleiderschrank braucht nicht so wichtig zu tun. Außerdem ist ein Kleiderschrank doch keine Vitrine! Er hat Türen zum Zumachen, damit wird sein Innenleben für andere unsichtbar.

Für den Patienten war schnell arbeiten ideal, er wäre sonst wieder recht ins »Zwängeln« und Überlegen gekommen, wie etwas zusammengelegt wird und wohin es kommt.

Wir reden drüber, wie »man« etwas vernünftigerweise zusammenfaltet. Wie etwas praktisch wäre. Über die Norm hierzulande soll gesprochen werden, das möchte der der Zwangspatient zunächst wissen. Der Unsichere und Ängstliche braucht das. Aber was riskiert man schon, wenn das total *anders* gemacht wird? Höchstens das Bügeln vor dem nächsten Tragen. Sonst gar nichts. Keine Angst braucht man zu haben und kein stundenlanges Grübeln darüber, was »richtig« ist und was »falsch«.

»Es passiert nichts, was Sie zu fürchten hätten.«

Was wo liegt, ist egal. Finden muß man es können. Und auch verändern können, wenn sich die jetzige Einteilung später als nicht zweckmäßig erweist. (Könnte ja sein, daß man plötzlich wieder Lust auf ein neues Kleidungsstück bekommt; da muß so mancher Ladenhüter, der schon seit Ewigkeiten im Schrank sitzt, auf die Seite rücken.)

Nun kommt das Aushalten, das Erfahren, daß Angst und Sorge erst einmal da sind und auch wieder nachlassen. Etwas langsamer zwar, als wenn Sie das bisherige Zwangsritual zur Minderung der Anspannung ausführen. Dafür aber ist dies der dauerhafte und verläßliche Weg zum Gesundwerden.

Sie lernen, daß Begriffe wie *zunächst, vorläufig, ungefähr, später, irgendwie, heute so und morgen anders* vorerst Anspannung und Unbehagen bereiten.

Aber nicht, weil nun irgend etwas passiert, was zu bereuen wäre. Im Gegenteil, bald werden Sie erleichtert aufatmen können. Sie und Ihre gepreßte Wäsche.

Die ganze Sache wiederholen, allein und immer wieder, das ist unumgänglich.

Den Kleiderschrank zur Spielwiese für Veränderungen machen. Daß das Wort *Spiel* der Aufmunterung und dem Mutmachen dient, das weiß ich sehr, sehr gut. Die »Spieler« sind eigentlich äußerst bewundernswerte Menschen, die viel in Kauf nehmen. Aber sie sind die Gewinner!

Ich habe mich in der Therapiezeit einmal *in* meinen Kleiderschrank gesetzt. Ich wollte erfahren, wie das ist, wenn ich die Trennung ganz und gar aufhebe und *auch* ein Teil des Schranks bin. Mir ist das bestimmt nicht so leicht gefallen, wie es sich hier darstellt. Wahrscheinlich habe ich zusätzlich mit meinen Kleidern geredet, um sie zu besänftigen (und darauf geachtet, daß mich niemand dabei »erwischt«!). Die Pullis und Hosen und Röcke da drinnen, die wollten damals hundertprozentig sauber und abgehoben sein. Nicht so normal »getragen« wie die Straßenkleider.

(Das war ein kleiner Abstecher zum Waschzwang im Schrank, der auch trennt und behütet und Schutz sucht vor denen, die kein Verständnis dafür haben.)

*Sie* sollen Herr über Ihren Kleiderschrank, über Ihre Wohnung werden! Wie es dort aussieht, das geht nur Sie etwas an.

Mit der Zeit sollte dieses Verhalten auch auf ähnliche Situationen übertragen werden.

Wenn zum Beispiel im Besteckfach eine spießig dürre Gabel übungshalber bei den dicken Löffeln zu liegen kommt, obwohl sie dort eigentlich nichts zu suchen hat, so soll das auch mal sein dürfen.

Hans Christian Andersen, der dänische Märchenerzähler, der Dinge so liebevoll zum Leben erweckt, würde eine Geschichte draus machen können über die Begegnung zweier so unterschiedlicher Charaktere.

Bis bald! Ich muß im Schreibtisch neues Papier suchen gehen. Oder ist es im Küchenschrank?

*Ihre Ulrike S.*

Erstes PS: Als ich in der Therapie meine Wolljacke beim Zubettgehen zum ersten Mal nicht mit ins Schlafzimmer genommen hatte, da war das keine leichte Übung. Ich war besorgt und angespannt. Es war allerdings kein Ordnungszwang, der mich da verunsicherte. Aber ich mußte meine Jacke eine Nacht lang sich selbst überlassen. Ich konnte sie, am Wohnzimmerstuhl hängend, in der Nacht nicht unter Kontrolle haben. Vielleicht würde sie jemand aus der Familie mit ungewaschenen Händen anfassen oder irgendwo hinlegen, wo sie (noch) nicht sein durfte.

Tröstet das die Ordnungszwänge? Verstehen mich die Waschzwänge?

Ich denke, schon! Ein Gruß an alle Betroffenen!

Zweites PS: Könnte es sein, daß Sie, Herr Max, verwandtschaftliche Beziehungen zu Ihrem Kleiderschrank haben?! Gibt es da nicht Ähnlichkeiten?

Keiner ist mit dem andern zufrieden. Ständig meckern Sie aneinander herum. *So* oder *so*? Sie können sich schwerst entschließen, was das Beste für Sie beide ist. Ständig orten Sie Nachteile. Sie haben große Schwierigkeiten mit Ihrem Äußeren, alle beide!

Seien Sie doch ein wenig netter zu sich (und zum Kleiderschrank).

Bis bald!

*Es grüßt Sie Ihre Ulrike S.*

*Lieber Herr Max!*

Einmal haben wir miteinander geübt. Plötzlich werden Sie ganz mutlos und verzagt: »Das alles ist mir passiert, weil ich ein schlimmes Kind war.« Bei der Konfrontation muß man wachsam sein, da kommt so manches zutage. Wie zum Beispiel auch das einst so »schlimme Kind«.

Heute wissen wir es besser, Max. Das Kind war nicht schlimmer als andere Kinder auch, nur der Vater war einer, der ständig meckerte und alles kritisierte, was das »schlimme Kind« in die Hand nahm.

»Stell dich nicht so unbeholfen an, laß das lieber mich machen!« Die Stimme des ewig hinunterdrückenden Vaters liegt Ihnen noch in den Ohren. Kinder muß man loben, loben und nochmals loben. Sie machen die Dinge mit so viel Eifer und gesundem Selbstbewußtsein, das darf nicht kaputtgemacht werden.

Herr Max, Sie gehen wirklich nicht nett mit sich selbst um! Da schlägt wohl die »Erziehung« des Vaters durch.

»Ich bin so blöd. Ich bin so ungeschickt. Ich bin häßlich. Ich kann nicht einmal einschätzen, ob ich den WC-Deckel gestreift habe oder nicht. Ich bin nicht imstande zu beurteilen, ob der Küchentisch rein ist. Ich weiß nicht einmal, ob ich Dinge ›wahrhaft‹ erzähle.«

Sie wissen leider nicht, daß Sie ein sehr lieber Mensch sind, mit dem ich gern übe, trotz aller »Raunzerei« über sich selbst. Noch glauben Sie das nicht, aber es wird schon noch werden.

Wir haben vereinbart, daß Sie einige Ausdrücke und Aussprüche aus Ihrem Sprachschatz streichen müssen. Das will ich gar nicht mehr hören, habe ich gesagt.

Verboten ist: »Ich bin blöd. Das ist furchtbar grauslig. Das ist wahnsinnig ekelig. Das schaff' ich nie. Das wird nie besser. Ich geb's auf. Ich weiß nichts. Ich kann nichts. Ich bin nichts.«

Mit so einem Sprachschatz können Sie nichts verändern. Wenn ich den ganzen Tag zu mir selber sage, daß ich blöd bin, dann glaube ich das bis zum Abend ganz bestimmt.

Wir sind im Auto gefahren, als Sie auf diese Weise mit sich gehadert haben. Autofahren können Sie jedenfalls wesentlich besser als ich. Sie haben mich nach Hause gebracht, weil ich manchmal das Selbstfahren vermeide. (»Daran sollten Sie arbeiten«, würde ein Therapeut sagen. Meine mir anvertrauten Patienten, die selbst Autofahrer sind, bieten mir manchmal mit geradezu verdächtiger Hilfsbereitschaft an, Fahrunterricht zu geben. Irgendwie entdecke ich an ihnen Revanchegelüste, wenn sie sagen: »Dann brausen wir mir 180 über die Autobahn!«)

Wir haben zweieinhalb Stunden geübt, uns in WCs in der Stadt, in Geschäften und in Ihrer Wohnung herumgetrieben. Eigentlich waren Sie tüchtig. Aber auf diese Idee kommen Sie leider nicht.

Darauf, daß der Herr Max jetzt doch schon ein wenig geschickter ist im Umgang mit dem Zwang als vor zwei, drei Wochen. Können Sie Ihre Fortschritte nicht sehen? Trauen Sie sich Fortschritte nicht zu? Erinnern Sie sich, wieviel Zureden und

Unterstützung Sie zunächst brauchten, um wieder an Menschen in der Stadt anstreifen zu können? Jetzt geht das schon bald wie selbstverständlich. Das ist Fortschritt. Das ist *Ihre* harte Arbeit!

Aber Sie, Sie jammern und stöhnen und reden schlecht über sich selbst. Da sage ich beim Aussteigen: »Jetzt sind Sie einmal ganz still, und dann sagen Sie einen einzigen positiven Satz.«

Pause.

»Mir geht's schon besser, vielleicht schaffe ich es doch!« sagen Sie leise und ruhig. Mit diesem Satz bin ich dann nach Hause gegangen und habe ihn zu Bett getragen. Dieser Satz war die große Belohnung für mich für zweieinhalb Stunden üben mit einem mutigen Max, der glaubte, eine einzige Niete zu sein.

Blöd ist der Zwang, nicht Sie!

Sie *sind nicht* Ihr Zwang!

*Sehr liebe Grüße, Ihre Ulrike S.*

*Lieber Herr Max!*

Sie sagen: Dies ist grausig, das ist grausig, alles ist grausig! Entweder kommt das »Grausige« von Ihnen selbst, oder es kommt von den andern. Unter dem »Grausigen« verstehen Sie – wie es seinerzeit bei mir der Fall war – die Ausscheidungen, Haut, Haare, kurz, alles, was den Menschen ausmacht. Diesbezüglich wissen wir gut voneinander Bescheid. Klebriges an den Fingern ist für Sie grausig, Fettiges auch.

Nun war ich nicht gerade die Schnellste in der Therapie, so sagt man. Aber bei Ihnen, lieber Herr Max, renne ich gegen eine Mauer. »Mein Pullover ist so grausig«, sagen sie und zupfen richtig verzweifelt am Ärmel herum. »Ich weiß überhaupt nicht mehr, was alles drauf ist.«

Das ist ja so gut, daß Sie das nicht wissen. Wie sollten Sie auch, da müßten Sie Spurensicherung betreiben und ständig Buch führen. Sie *sollen und dürfen* die Kontrolle darüber verlieren, was Ihr Pullover im Lauf des Tages eingesammelt hat. Sie *sollen* die Kontrolle verlieren, weil Sie lernen müssen, Unsicherheit bei Ihren Zwangsbefürchtungen auszuhalten. Sie *dürfen* die Kontrolle verlieren, weil dabei nichts passiert.

Hören Sie mir auch zu, Herr Max? Wollen Sie überhaupt aufnehmen, was wir besprechen?

Ihr Blick wird so leer, wenn ich etwas erkläre. Sicher, unser Gespräch dreht sich meist um das gleiche Thema. Dafür kann ich nichts und Sie auch nicht. Wir werden nicht über das Wetter reden, wenn Sie erfahren möchten, wie oft »man« Badevorleger wäscht.

Aber wollen Sie das denn wirklich wissen? Hilft es Ihnen, wenn wir drüber reden? Wollen Sie vielleicht etwas ganz anderes? Möchten Sie sich endlich wieder einmal wohl fühlen, zufrieden mit sich selbst? Möchten Sie gelobt werden, einen Chef haben, der anerkennt, was Sie tun?

Möchten Sie einen Vater, der nicht immer kritisiert und bemängelt? Möchten Sie akzeptieren können, wenn ich Ihnen etwas Nettes sage? Kürzlich habe ich Sie tröstend am Arm gestreichelt. Da haben Sie geglaubt, ich hätte auf Ihrem Ärmel einen Fleck entdeckt. »Ist etwas nicht in Ordnung?« haben Sie gefragt. Daß ich Ihnen zeigen wollte, daß ich Sie auch mit Ihren Defiziten mag, auf diese Idee sind Sie gar nicht gekommen.

Wollen Sie gute Gefühle ersetzen durch Waschen und Ordnen? Ist dieses Bedürfnis so stark, daß Sie sich eigentlich gar nicht auf das einlassen können, was die praktischen Anweisungen in der Therapie betrifft?

Ich bin froh, daß hauptsächlich in der Gesprächstherapie diese Probleme bearbeitet werden.

Auch wir zwei lassen beim Üben Ihre »anderen Sorgen« nicht links liegen. Das ginge gar nicht, weil grade beim Üben so viel zum Vorschein kommt, was Sie sonst noch, außerhalb der Zwanghaftigkeit, bedrückt.

Zuwendung, Anerkennung, erfreuliche Perspektiven und anderes mehr helfen gegen die Zwanghaftigkeit. Umgekehrt wird es dazu beitragen, sich selbst und damit auch die andern mehr zu achten, wenn Sie beim Zwängeabbau Erfolge haben. Deshalb gehört das Problem mit den Badematten eben auch geklärt:

Nicht *gleich* waschen! Gleich waschen macht den »Schmutz«, der dran hängt, bedeutend. Das macht die Arbeit bedeutend. Wenn die Arbeit zu bedeutend ist, dann werden Sie diese nur zwanghaft erledigen können. (Genug Waschmittel? Vorwäsche oder keine Vorwäsche? Zur Sicherheit zweimal waschen! Habe ich überhaupt das richtige Waschmittel genommen? Nein, keine Musik beim Arbeiten, das stört die Kontrolle. Das Telefon läutet, endlich, das könnte der Freund, die Freundin sein! Nein, nicht hingehen! Sonst weiß ich nicht mehr, was ich getan habe, bevor ich zum Telefon ging!) Die Sache ist eindeutig – der Zwang hat wieder einmal gewonnen.

Sie sollten aber nicht sagen: Ich werde diese Arbeit *überhaupt nicht* tun. Ich möchte das perfekt machen oder gar nicht. Das ist keine Lösung. Gar nicht heißt, daß Sie sich vor dem Unternehmen Badevorlegerwaschen fürchten. Sie sehen sich nicht drüber aus.

Ich habe einmal ein junges Mädchen betreut, das an Waschzwang litt. »Was belastet Sie am meisten? Was möchten Sie am liebsten loswerden?« »Die saublöde Duscherei«, war die Antwort. Die »saublöde Duscherei« bestand aus zwei Stunden Duschen. Wir haben die Sache in Angriff genommen.

»Wie geht's mit dem Duschen?«

»Gut geht's«, war die Antwort. Ich bin erfreut. Die Mutter allerdings mußte anderes berichten. Die Sache dauerte nun überhaupt nicht mehr, denn Duschen war gestrichen worden. Lieber gar nicht, als »nicht ordentlich«!

Weshalb nun also sehen Sie sich nicht drüber aus, die Vorleger zu waschen? Sie werden Waschmittel nehmen, Wasser wird dabei sein. Das garantiert, daß die Badevorleger sauberer als vorher sein werden. Das ist doch schon ein Erfolg! Wieviel sauberer? Sauber genug für Sie, aber nie sauber genug für den Zwang. Nie sauber genug für Besucher, die Sie als Ihre Kritiker fürchten.

Sauber genug, um gut gearbeitet und gut geübt zu haben!

Sauber genug, um sich selbst zu loben und von mir auf die Schulter geklopft zu werden.

Ich habe zu Ihnen gesagt: Es passiert ja nichts. Stimmt auch. Sie werden es schon merken, wenn etwas »stinkt«, wenn alle Passanten auf ihre Jacke schauen, weil Ihnen eine Taube drauf gesch..... hat. (Kräftige Ausdrücke gebrauchen! Das hilft. Der Zwang ist keine feine Prinzessin, sondern ein unguter Kerl!) Gestatten Sie mir, Herr Max, einen kleinen Abstecher zum Kontrollzwang und zu seinem Quälgeist, dem Herd. Da kann ich nicht sagen: »Wenn Sie alle Herdplatten aufdrehen, das Haus verlassen und erst morgen wieder heimkommen, dann wird nichts passieren.« Da würde ich meine Glaubwürdigkeit verlieren. Ich darf vom Übenden nur verlangen, was ich selbst tun würde.

Ich habe einmal eine Nacht lang die Schnellkochplatte brennen lassen. Da habe ich in der Früh schön geschaut. Die Küche war zwar angenehm temperiert an diesem Novembermorgen, aber empfehlen würde ich diese Art von »Heizung« nicht. Außerdem hat mich die Herdplatte beleidigt angeschaut und sich beklagt, weil sie Nachtschicht hatte. Sie wird mir eine tolle Stromrechnung verpassen, hat sie gemault. Ich habe sie einfach abgedreht, da mußte ich mir das Gejammere nicht länger anhören. In der Alltagssituation darf der an Kontrollzwang Erkrankte, bevor er aus dem Haus geht oder bevor er am Abend schlafen geht, seinen Herdknöpfen *einen aufmerksamen Blick* schenken (und weg!).

In der Übungssituation muß auch der Kontrollzwängler etwas mutiger sein: Er muß auf seine Automatik vertrauen: »Gerade *ich* habe für Schlampigkeit am Herd wenig Talent. Da kann ich mir vertrauen.«

Und deshalb muß er übungsweise immer einmal ein kleines Risiko eingehen und, bevor er aus dem Haus geht oder am Abend vor dem Zubettgehen, auf das Kontrollieren verzichten. Geht nicht, sagen Sie! Das kostet Ihre Nachtruhe! Und wenn schon! Man hat in der Zwangszeit, ohne Hilfe in der Therapie, auch nicht immer gut geschlafen.

Sie können ruhig die Zeitung lesen. Es brennen nicht nur Häuser ab, auch Züge entgleisen, Flugzeuge stürzen ab, es gibt Erdbeben, Unfälle. Sogar den Finger kann man sich in der Nase brechen, habe ich gehört. Wer absolute Sicherheit sucht, der verirrt sich!

Jetzt komme ich wieder zu Ihnen, Herr Max.

Lassen Sie »unsere« zwei Moleküle zu! Sie brauchen auch einen guten Gedanken dazu, der Ihnen beim Arbeiten gegen den Zwang hilft.

»Da ist nichts«, das ist die falsche Strategie. Erstens einmal stimmt es nicht, und zweitens müssen Sie akzeptieren: Ein bißl von dem, was ich fürchte, darf sein.

Wie wäre es, wenn Sie versöhnlich auf Ihren Pullover, auf Ihren Abwasch in der Küche, auf den Teppich im Vorhaus schauten und wenn Sie dann sagten: »Ich möchte, daß da und dort und in jenem Winkel ein ›Hauch‹ von dem ist, was ich fürchte!« (aus unserer Sprache in der Therapie: ein bißl was = zwei Moleküle = ein »Hauch« von etwas = so wenig, daß es harmlos ist und doch mehr als nichts!).

Weshalb Sie das gar noch wünschen sollen, das haben Sie mich letztes Mal gefragt. Weil sonst der Zwang zuvorkommt. Wenn *Sie selbst* es sind, die das Vorhandensein von zwei Molekülchen Harn *von irgendwem* in Ihrer Wohnung, auf Ihrer Tasche, auf Ihren Haaren herbeiwünschen, was hat der Zwang dann bei Ihnen noch für eine Chance? Sie »wünschen herbei«, und der Zwang verliert dadurch an Bedeutung.

»Ja, natürlich, du hast ja recht. Das, was du da behauptest, ist mehr als wahr. Dreck, wohin man schaut, Chaos da und dort!« Jetzt haben Sie sogar ganz toll übertrieben, was kann da ein Besserwisser noch dagegen sagen?

Und dann schauen Sie sich Ihre Wohnung an, Ihre Schuhe, den Teppich, die Hose und fragen Sie: »Zwang, wo bleibt deine Bedrohung?« Denn Sie haben bereits selbst sehr mutig und klug übertrieben, womit der Zwang Ihnen Angst machen wollte. »Das habe ich längst selbst gesagt, du blöder Zwang. Du plapperst mir doch nur nach!«

Noch etwas müssen Sie lernen: Akzeptieren Sie sich selbst *als Ganzes.* Alles, was Ihren Körper ausmacht, gehört zu Ihnen. So, wie der Körper funktioniert, ist er etwas ganz Besonderes. Ausscheidungen gehören nun mal dazu. Lernen Sie sich und Ihren Körper lieben. Seien Sie nett mit sich selbst. Lernen Sie mit der Toleranz gegenüber sich selbst auch das Akzeptieren der anderen. Sie haben weder das eine noch das andere zu Hause gelernt, so sagen Sie; das ist traurig. Aber eines ist tröstlich, das habe ich in der Therapie gelernt: Es ist zwar traurig, wenn Wichtiges in der Erziehung durch die Eltern zu kurz kam. Aber vieles ist in einer Therapie nachholbar. Vertrauen, Liebe zu sich selbst, mehr Sicherheit, all das lernt sich beim Aufwachsen daheim schneller. Dennoch: So manche Versäumnisse lassen sich in einer Therapie nachholen, auch wenn das dann langsamer und mühevoller gelingt.

Herr Max, ich grüße Sie sehr schön. Sie fürchten Ungeduld, Bösesein, Ausgelachtwerden, nicht ernst genommen werden, das alles innerhalb der Therapie. Sie sind auf dem Holzweg, Herr Max! Ich wollte, Sie könnten es lernen: sich selbst so mögen, wie ich Sie mag!

*Ihre Ulrike S.*

## Brief an einen Fleck

Heute Morgen, am Telefon, bist Du mir über den Weg gelaufen. Ein ziemlich verunsicherter Zwangskranker in Not war am Apparat. Er wolle nichts mit Dir zu tun haben, meinte er.

Jetzt bekommst Du einen Brief von mir. Wenn ich jemandem einen Brief schreibe, dann kann ich besser zu ihm Kontakt aufnehmen. Flecken verlangen in der Zwängetherapie meist nach Kontakt, das weißt Du.

Wollen wir sehen, was wir mit Dir anfangen können. Der am Telefon wollte Dich »ganz weghaben«. Das geht nicht. Ganz weghaben wollen wir den Zwang, da muß vom Fleck etwas bleiben dürfen. Ein bißl was, Du weißt schon!

Du plagst viele Zwangskranke, vor allem die, die gern reinlich sind; die übermäßig krankheitsängstlich sind; die, die überaus ordentlich sind; auch die, die wegen Dir Kritik befürchten, weil sie nicht »makellos« sind; kurz und gut, die sehr Ängstlichen.

Reden wir erst einmal über Dich!

Zunächst kommst Du als »Komischer Fleck« auf die Welt. Der geistige Vater des Komischen Flecks ist Dr. Crombach. So hat er in meiner Therapie einmal einen Fleck benannt, der mir besonders zu schaffen machte. Ich konnte ihn nämlich nirgends einordnen. Und gerade *das* machte mir Angst. »Wenn ich nur wüßte, woher der kommt.« »Das brauchen Sie nicht zu wissen«, hieß es. Zwangskranke wollen immer allem auf den Grund gehen. Der Fleck ist komisch, mehr nicht. Harmlos ist er, unwichtig und bedeutungslos, wie eigentlich alles, was der Zwang sich so ausdenkt.

Fleck, bist Du jetzt beleidigt? Wolltest Du wer Besonderer sein, jemand, den man kennt? Jemand, von dem man weiß, daß man ihn ernst nehmen muß?

Es tut mir leid für Dich, aber ein Fleck ist nun einmal ein Fleck, sonst gar nichts. Und einen Komischen Fleck kann man überhaupt links liegenlassen.

Lupe, Spurensicherung und chemische Analysen bei Komischen Flecken sind nun wirklich komisch. Ich habe schon so viele Zwangspatienten gesehen, die sich sorgenvoll über kleinste Flecken beugten – ich weiß, wovon ich rede.

»Und was ist mit den roten Flecken?« fragst Du.

»Welche meinst Du, Ketchup oder Blut?«

»Na, Blut natürlich!«

Also, da treibst Du es wirklich zu bunt. Ich verstehe ja, daß Dein unbedeutendes Fleckendasein für Dich nicht befriedigend ist. Aber als wichtigtuerischer roter Fleck, der keiner Fliege mehr etwas zu Leide tun kann, bist Du nicht mehr komisch, sondern geschmacklos. Ein roter Blutfleck ist – entschuldige – einfach zu alt, um etwas zu bewirken. Sich so aufzuplustern, um an Bedeutung zu gewinnen, das tut man nicht. Wo hast Du das nur gelernt? Schäm Dich und sei bescheiden!

Zwangskranke in Therapie wissen um die Bedeutungslosigkeit von roten Flecken, das haben sie gelernt.

Von den gelben Flecken willst Du hören? Dann meinst Du sicher die gelben Flecken im Schnee.

»Die sind wirklich, was sie sind!« sagst Du. Das seien keine Komischen Flecken, die kämen eindeutig vom Menschen.

»Jawohl«, sage ich, »die kommen vom Menschen (oder vom Hund). Da steh' ich dazu.«

Ein Fleck muß auch einmal den Mut haben und Farbe bekennen. Was soll das Getue? Die Spuren von gelben Flecken gibt es doch (höchstwahrscheinlich) auf jeder Türklinke, auf jedem Sitz in der Straßenbahn und im Flugzeug. Gelbe Flecken reisen durch den Tunnel von England nach Frankreich, einfach so, als blinde Passagiere. Wer ohne Dich, den gelben Fleck sein will, der tut mir leid. Ein Leben ganz ohne gelbe Flecken zu suchen, das ist wohl sehr traurig und macht einsam. Seien wir realistisch – ein Leben ganz ohne gelbe Flecken, das gibt es gar nicht.

Ein Komischer Fleck ist auch der braune Fleck. Ein Zwangskranker, den ich betreue, fürchtet ihn. Braun ist für den Mann der Fleck, den man nie und nimmer an der Kleidung haben darf, auch wenn der Fleck noch so winzig ist. Denn der Mann glaubt, wenn er fleckenlos ist, in allem perfekt und niemals angreifbar zu sein. Braune Flecken sind für ihn von eindeutiger Herkunft, furchtbar grauslig und auch als winzigste Flecken beschämend.

»Ein bißl darf sein!« das wird auch er lernen müssen. Mit unseren sprichwörtlichen »zwei Molekülen« wird er sich abfinden lernen müssen.

Wer denkt schon an *das*, woran ein Zwangskranker *stets* denkt?

So ein langer Brief für einen »Fleck?«

Wenn es hilft! Dann grüß' ich Dich sogar!

*Deine Ulrike S.*

PS: Ich wollte Dich noch etwas fragen, Komischer Fleck: Darf ich Dich ein wenig berühren? Darf ich Dich mit meinen Fingern fühlen? Darf ich ein bißl was von Dir zum nächsten Hausbesuch mitnehmen?

Dann bist Du ein echter Therapie-Kumpel, den wir nicht zu fürchten brauchen.

## Zwanghafte Angst vor Gift

*Liebe Betroffene!*

Carina, die Giftängstliche, trinkt am Automaten Kakao. Carina ist immer mißtrauisch, auch jetzt beim Kakao. Sie trinkt zu Ende und findet: »*Der* schmeckt eigenartig.« Sie meint, er schmekke nach Gift.

Ich trinke den Kakao auch. Ich spüre dem Geschmack nach und sage: »Komischer Kakao.« Jetzt lächelt Carina. »Komisch« kennt sie bereits. Vom Komischen Fleck hat sie gelernt, daß wir nicht wissen, woher er kommt. Und weil wir's nicht wissen müssen, deshalb ist er harmlos. So harmlos, wie der komische Geschmack vom Kakao. Carina lernt schnell, unter anderm auch, weil sie Vertrauen hat.

Wir sitzen zu dritt in der Therapiestunde. Der Therapeut, die Patientin und ich. Carina also kämpft zwanghaft gegen »Gift« in vielerlei Form. Sie ist die Allerzuständigste, die Alleinverantwortlichste, niemand ist so gewissenhaft wie sie. Carina schützt ihren Ehemann und vor allem das Kind vor Gift. Vor lauter Unsicherheit weiß sie gar nicht mehr, was giftig ist und was nicht. Und weil ihr ein vollkommen giftfreies Leben so wichtig erscheint, deshalb weiß Carina oft gar nicht mehr: »Was habe ich jetzt eigentlich getan? War ich konzentriert genug? Wozu bin ich imstande? Könnte ich tatsächlich meiner Familie Schaden zufügen, ohne das zu bemerken?« Diese Grübeleien gehen so weit, daß Carina sich richtig schlecht vorkommt.

Nun lesen Sie eine Geschichte, die der Therapeut dazu erzählte. Sie zeigt der Zwanghaften, daß zwischen Zwangsgedanken und dem wirklichen Tun keine Verbindung besteht. Ein Gedanke bleibt immer nur ein Gedanke, mehr nicht.

Es ist die beeindruckende Erzählung einer verzweifelten Mutter, die sich nicht mehr zu helfen wußte mit ihren Zwangsvorstellungen. Die arme Frau wußte nicht, ob sie ihr Kind umbringen könnte oder nicht. Können Sie sich vorstellen,von welchen Gewissensbissen sie gequält wurde? Der Zwang behauptete Schreckliches: Die Mutter könnte das Kind mit einem Messer töten. Was muß diese Frau alles mitgemacht haben!

In der Therapie lernte sie dann Vieles: Das sind reine Zwangsvorstellungen. Ein Gedanke hat mit einer Handlung nichts zu tun. Man darf denken, was man will. Wenn man Gedanken wegdrängen will, dann kommen diese noch ungebetener daher.

Man tut nichts moralisch Verwerfliches gegen den eigenen Willen (nicht einmal in Hypnose!).

Es ist typisch, daß sich der Zwang gerade gegen etwas richtet, das man besonders liebt, das recht wehrlos ist und das man daher schützen möchte. Um so größer sind dann auch die Selbstvorwürfe.

Die Zweifelkrankheit jedoch war durch die Gespräche nicht kleinzukriegen. Da packte die ungeheuer mutige Frau ihr Kind und ein Messer und wollte wirklich wissen, wie weit sie gehen könnte. Sie legte das Messer am Hals des Kindes an und – ließ es sinken. Plötzlich fiel eine große Last von ihr, denn sie wußte: *Ich kann das gar nicht tun. Es ist mir einfach unmöglich.* Jetzt wußte sie, was sie von dem verlogenen Gequatsche des Zwangs halten konnte.

Probieren Sie ruhig aus, liebe Betroffene, wie weit Sie gehen können, wenn der Zwang behauptet, Sie würden einen gebrechlichen Menschen, ein Kind, eine schutzbedürftige werdende Mutter von der Gehsteigkante stoßen. Beim ersten leichten Körperkontakt werden Sie schon stöhnen: »Nein, nein, doch nicht ich.«

Sehr richtig, gerade *Sie* nicht. Weil gerade *Sie*, die Sie nicht einmal solche Gedanken haben dürfen, um sich nicht schon schuldig zu fühlen, solche schlimme Dinge niemals tun würden.

Aber wagen Sie ruhig Körperkontakt mit Müttern mit Kinderwagen. Es braucht mehr als ein sachtes Anstreifen, um Mutter mit Wagen plus Kind umzukippen. Nicht vergessen: Sich umschauen, sich vergewissern, kontrollieren ist nach dem »Versuch« verboten. Was glauben Sie, wie ein Baby brüllt, das aus dem Wagen fällt, und wie eine Mutter schreit und schimpft, der solches passiert. Da brauchen Sie sich gar nicht umzudrehen, das würden Sie nicht überhören.

Dazu muß ich noch etwas sagen. Falls Sie einmal durch unsere Stadt spazieren, und Sie begegnen einem Kinderwagen, der Ihnen auffällt, dann lassen Sie sich nicht verunsichern. Das Kind hat ein Beinchen schon über Bord gearbeitet, der Oberkörper schiebt nach. Unterstützt werden die Aussteigerbestrebungen durch Gebrüll. Dieses Kind braucht nicht Ihre Hilfe, sondern die guten Nerven seiner Oma.

So, und jetzt kommt noch einmal Carina dran. Sie kommt von weit her. Zwei Stunden mit der Bahn zur Therapie, da wird es mit dem Hausbesuch schwierig. Carina wird »belohnt«. Sie kann zu mir kommen und erfahren, wie mein Haushalt mit dem »Gift« zurechtkommt. Ich denke mir jetzt schon, daß ihr das sehr helfen wird. Am Abend bestätigt sie mir dann, daß das Üben bei mir daheim sehr hilfreich war. Jetzt konnte ich ihr beweisen, daß mein Gerede nicht nur Theorie war. Außerdem hatten wir die Möglichkeit zum Üben zu zweit. Ich kann so ein Angebot nicht all den von mir Betreuten machen. Da würde meine Familie protestieren. Vom Zwang haben die Meinen ein für allemal genug. Aber in Ausnahmefällen kann ich die Abwesenheit von Mann und Kind schon ausnützen und die Wohnung zur Therapiespielwiese machen.

Ich weiß, daß Carina jetzt meine Wohnung und all das, was wir darin probiert haben, wie ein Bild vor Augen hat, das ihr noch einige Zeit sehr helfen wird.

Erst arbeite ich allein, und Carina sieht mir zu. Das nennt

man in der Fachsprache das *Modellernen*, ich nenne es einfach das *Vormachen*. So wie bei Kindern, die auch durch Vormachen lernen. Es gibt Therapeuten, die halten davon nicht viel. Ich selbst fand das Vormachen sehr hilfreich. Es ist wie ein Buch mit Bildern, das man, auf sich selbst gestellt zwischen den Therapiestunden, verwenden kann. Ein Blättern im Therapiebilderbuch nenne ich das.

Dann werken wir zu zweit. Schließlich arbeitet Carina allein, ich gehe sogar aus dem Raum. Der Höhepunkt dieses Übungsvormittags ist die Nudelsuppe. Carina kocht für uns. Wird sie meinen Mann, mich, die Kotherapeutin, und sich selbst vergiften? Mal sehen!

Rund um den Kochtopf mit sprudelndem Wasser stehen allerlei für sie schlimme Dinge. Eine Sprühdose mit Insektenvertilgungsmittel, eine Dose Fixierspray für Zeichnungen, Möbelpolier- und Scheuermittel, Fahrradöl, irgendetwas zum Badputzen, das recht scharfe Pulver für die Geschirrspülmaschine, Essigessenz (»Vorsicht, ätzend!« steht drauf).

Das größte Problem von Carina ist: Was tu ich eigentlich *wirklich?* Bin ich aufmerksam und konzentriert genug? Gebe ich Suppenwürze in den Topf, oder habe ich vielleicht doch mit Wannenwichtel gesalzen? Im Augenblick, da ich neben ihr stehe, weiß sie es noch. Aber dann, auf dem Heimweg, da wird aus der Nudel- eine Giftsuppe.

Carina steht vor dem Herd. Darf Goldspray von Weihnachten wirklich so nah am Herd stehen? Er darf, denn: Gift hüpft ja nicht!

In die linke Hand bekommt die Arme die Möbelpolitur, in die rechte den Pflanzendünger. »Ich verstehe schon, daß Sie mich noch nicht verlieren wollen«, sage ich spaßhaft.

Carina lächelt: »Was, wenn ich die gute Gelegenheit benützen würde, meinen zur Zeit ärgsten Quälgeist loszukriegen?«

»Das wär' ein Eigentor! Aber jetzt könnten Sie tatsächlich beweisen, was Sie immer vorgeben zu tun.«

Und wir spielen modifiziert die Szene der Mutter nach, die nicht mehr wußte: Werde ich mein Kind töten oder nicht.

»Also, Carina«, sage ich, »kippen Sie die Flasche, bis die Politur beinahe anfängt, in die Suppe zu rinnen.« Carina deutet an, was ich von ihr verlange. Weit kommt sie nicht. Sie will es nicht, also tut sie es nicht.

»Schmecken Sie die Suppe doch bitte mit Pflanzendünger ab!« Protest, die Frau schafft es nicht. Die Nudelsuppe bleibt eine Nudelsuppe.

Mein Mann sollte auch mitessen. Er will nicht. »Feigling«, schimpfe ich ihn, weil ein bißl schwarzer Humor auch dazu gehört, wenn es um die »Vertilgung« der Unsicherheitskrankheit geht. Mein Mann will keine giftige Nudelsuppe, er will lieber vergiftetes Wiener Schnitzel. *Das* ist sein Problem. Er soll es bekommen. Das nächste Mal, wenn die kleine Hexe kocht!

*Liebe Grüße, ich hoffe, »das Gift« hat ein bißl geholfen!*
*Ihre Ulrike S.*

*Lieber Herr Dr. Crombach!*

Heute schreibe ich lieber Ihnen, denn die Carina ist so fix und fertig. Und auch ein bißl zuversichtlich ist sie. Es war unsere zweite ausgedehnte Übungsbegegnung, da hat sie zum ersten Mal gesagt: »Heute bin ich stolz auf mich.«

»Haben Sie schon ein ganz klein wenig das Gefühl, daß Sie auf dem richtigen Weg sind?« habe ich sie gelockt. Ja, das Gefühl kommt, sie spürt es.

Nun, die Carina liegt jetzt im Bett, lassen wir sie schlafen. Ob sie das kann, das ist nicht sicher, denn sie ist ziemlich aufgekratzt. Heute spät abends haben wir noch miteinander telefoniert und den Tag »verdaut«. Carina wird es schaffen, so sicher war ich noch nie, seit ich Kotherapie mache. Und nicht deshalb, weil sie es relativ leicht hat, sondern, nebst anderen Pluspunkten für eine Therapie, auch deshalb, weil Carina eine Kämpferin ist.

Sie hat mir zwischen den Regalen im Lebensmittelgeschäft, wo wir mit »giftigen« Händen Brot für unsere Lieben gekauft haben, eine berührende Geschicht erzählt: Die Eltern waren oft im Clinch miteinander. Da ging es laut und auch handgreiflich zu. Carinas Bruder konnte das nicht ertragen, er lief davon. Carina blieb. Sie *wollte* bleiben. Sie wollte nicht flüchten und *das* mit durchstehen.

Jetzt haut Carina auch nicht ab, obwohl sie im heftigen Clinch mit dem Zwang steht. Sie will die Therapie durchstehen, und sie ist auf dem besten Weg dazu.

»Danke schön, es war sehr angenehm«, hatte sich einmal eine Patientin von mir verabschiedet, nachdem wir zwei Stunden geübt hatten. Ich habe nichts entgegnet. Ich weiß, daß diese Patientin nicht ordentlich Therapie machen will, dazu ist sie nicht einsichtig und nicht »demütig« genug. Wozu soll ich mich aufreiben mit Angeboten und negativen Prophezeiungen?

Carina hat heute keinen »angenehmen« Tag gehabt. (Aber jetzt liegt sie im Bett und schläft und war vor dem Einschlafen zufrieden mich sich.)

Nein, angenehm war es zunächst nicht im medizinisch-chemischen Labor bei Susanne, die bald mit zum Team gehört, weil sie so hilfreich ist. Steif wie ein Stock hat Carina im Stuhl gesessen, hat zugehört, was ihr die MTA Susanne über Aidsinfektionsmöglichkeiten, Hepatitis C, Säuren und Laugen und über die Mengen, die das Gift erst ausmachen, erzählte. Susanne bekam als Belohnung für ihre Aufklärungsarbeit Blumen. Es stehen schon einige Töpfchen in der Reihe, denn bei Susanne gibt es für so manche unserer Patienten etwas zu lernen.

Carina wurde das »Geschenk« einer Gratisharnuntersuchung gemacht. Dazu war also eine WC-Übung nötig. Ich stehe im Vorraum und unterstütze Carina wortreich. WCs gehören ohnedies mit zu ihrem Übungsprogramm.

Doch, das mit der Gratisharnuntersuchung war wirklich fast eine Belohnung. Sie wissen doch selbst, Herr Dr. Crombach, wie schön ein Harnsediment unterm Mikroskop sein kann. Wie die Bilder im Kaleidoskop aus der Kinderzeit. Da gibt es Kristalle, an denen kann ich mich direkt begeistern. Und die ein, zwei roten Blutkörperchen, die auch ein gesunder Harn haben darf, die glitzern so schön, wie kleine Edelsteine. Die Bakterien sind unscheinbar und in der Anzahl gering. Die Plattenepithelien sind groß und dominant. Tun recht wichtig und bedeuten wenig. Wie der Zwang. Das alles durfte Carina heute entdecken.

Und weil wir schon dabei waren, Dinge aus anderer Perspektive zu betrachten, hat Susanne uns noch Ausstriche von Blut unterm Mikroskop gezeigt. Das sind wahre Bilderbücher vom Menschen; für Carina war das alles eine sehr »gewagte«, besondere Erlebnisreise.

Susanne kennt sich hier aus wie keine zweite im Labor. Wir hören ihr zu und schauen ihr zu, wie sie arbeitet. Carina lernt viel, und ich vergesse fast, daß ich, der Waschzwang von einst, mit Angst vor den Ausscheidungen anderer, im Labor stehe, angelehnt gegen den Labortisch, mit einem Harngläschen in der Hand.

Susanne holt eine Flasche vom Regal. »Vorsicht ätzend« steht drauf. »Ich trink's ja nicht«, sagt Susanne, die zum Glück nicht unter den Übertreibungen eines Zwangs leidet.

»Susanne, ich werde dir einmal ein Buch über die Zwangserkrankung mitbringen«, sage ich, damit du verstehst, weshalb deine Besucher hier Herzklopfen bekommen.

Wir lernen bei ihr den Alltag im Labor, wo auch ein Tisch zum Jausnen und eine Kaffeemaschine Platz haben. Sogar eine Schale mit Süßigkeiten für tapfere Kinder gibt es da, die gar nicht weinen müssen, weil Susanne mit großem Feingefühl mit der Nadel zum Blutabnehmen umgehen kann. Die Kleidung, die unterm weißen Mantel hervorschaut, trägt sie auch zu Hause. Auch dann, wenn Susanne den Besuch der Enkelkinder erwartet, denen sie ein Mittagessen kocht.

Was soll ich machen, wenn Susanne nächstes Jahr in Pension geht? Sie wird uns mit dem Beispiel ihrer unängstlichen Verantwortung bei der Arbeit im medizinisch-chemischen Labor, mit ihrer Fröhlichkeit und Hilfsbereitschaft sehr fehlen.

Carina fährt mit der Bahn wieder nach Hause. Heute soll sie ihre schöne Kleidung nicht gleich wechseln, wenn sie daheim ist. Und ausgerechnet heute möchte die kleine Tochter am

Abend, daß die Mutter noch schnell zu ihr ins Bett krabbelt. Weil das Söhnchen nun aber eifersüchtig wird, muß die Mutter auch noch ins zweite Kinderbett. *Samt dem ganzen Labor.*

Nun muß ich mich bei den Kindern auch noch bedanken, weil diese so prächtige Mithelfer sind! Sie werden eine gesunde Mutter bekommen.

Jetzt gehe ich auch schlafen. Ich werde träumen von Kristallen und kleinen kugeligen Diamanten, die in dem glitzern, was wir »pfui grausig« nennen, sobald es unseren Körper verläßt. Komisch, nicht?

*Herzliche Grüße, Herr Dr. Crombach, Ihre Ulrike S.*

## Was tun, wenn nichts mehr harmlos scheint? Wenn der ganze Tag zwangsbesetzt ist?

*Liebe Betroffene!*

Carina leidet unter zwanghafter Angst vor Gift. Vor allem in bezug auf »Gift« fühlt *ausschließlich sie* sich verantwortlich für Mann und Kinder. An bösen Tagen wird ihr *alles* zur Gefahr. Wenn sie nur wüßte, was *nicht* giftig ist und, vor allem, *wieviel* giftig ist!

Wohl hat sie in der Therapie den Satz gehört: »Die Menge macht das Gift.« Aber *welche* Menge? Sie möchte Zahlen haben, Sicherheit finden in exakten Angaben. Wo ist die genaue Grenze zwischen giftig und ungiftig, gefährlich und ungefährlich, sicher und nicht mehr sicher?

Was Carina erleidet, das begegnet vielen anderen Zwangskranken auch in deren Befürchtungen. Herr Franz zum Beispiel traut sich auch überhaupt nichts zu. Er zweifelt alles an, was er *tut*. Er macht jeden Handgriff unter Kontrolle. Dabei darf er nicht gestört werden. Auch bei ihm ist nichts mehr »harmlos«.

Carina hat schon einiges in der Therapie gelernt, das ihr hilft. Immer, wenn sie sich sagt oder denkt: »Ich fürchte, daß ...«, »Ich habe Angst, daß ...«, dann weiß sie, was das bedeutet: Der Zwang ist unterwegs. Dann darf sie handeln, dann soll sie weiterhandeln, ganz so, wie *sie* es will und nicht wie der Zwang es verlangt. Ohne Rücksicht auf das unangenehme Gefühl, das vom Zwang kommt. Sie kann das tun, was sie gerade im Sinn hatte zu tun, bevor ihr der Zweifel (= der Zwang) den Mut dazu nahm.

Nach zweieinhalb Monaten Therapie mit erstaunlichen Erfolgen kommt Carina in eine Krise. Vielleicht litt sie unter einer Depression, vielleicht hatte sie Ärger im Beruf, Schwierigkeiten in der Beziehung; vielleicht war es eine Erkrankung. Irgendetwas davon ließ sie schwach werden, ich erinnere mich nicht mehr so genau. Der Zwang jedenfalls, der hat das ausgenützt. Die Zwänge fliegen Carina nur so an. Alles, was sie tut, verunsichert sie. Hat sie im Sinn, etwas zu unternehmen – schon ist es zwangsbesetzt. Die arme Carina steht unter »Dauerbeschuß«!

Sie gießt Milch in die Tasse: »War die Tasse rein?« zweifelt der Zwang. Sie verwendet Haarspray: »Ob sie wohl wisse, was sie tut?« meldet sich der Zwang.

Warum stellt sie den Nagellackentferner neben die Zahnpasta, das kann doch nicht gut sein. Die Einkäufe im Bioladen sind wie ein Rettungsanker auf hoher See. »Bio« klingt so beruhigend.

Wenn Carina sich endlich erlaubt, die Hände zu waschen, dann behauptet gar noch die Seife, daß diese »nicht ganz geheuer« sei.

Wenn Carina so geplagt ist, dann bleibt ihr nichts anderes übrig, als *weiterzuhandeln.*

Weiter, immer weiter! Konsequent sein, nicht nachgeben! Sich nicht aufhalten lassen von den lästigen Zwangsgedanken. Nur nicht auf diese störenden Gedanken eingehen! Innehalten und überlegen ist in solch schwierigen Zeiten schon problematisch. Denn das Innehalten hat bereits Bedeutung: Hier ist etwas, das ich (zwanghaft) bedenken muß.

Da wurde einmal der Versuch mit einer Ratte gemacht, so erzählte der Therapeut. In eine Ecke ihres Käfigs hatte man etwas Gift gegeben. Die Ratte bemerkte das und suchte diese Ecke nicht mehr auf. Das Gift wurde wieder entfernt. Es dauerte enorm lange, bis die Ratte verstand, daß diese Käfigecke nun wieder harmlos war. Lang braucht die Ratte, um zu lernen.

Auch wir, die Betroffenen, brauchen Zeit und Geduld und Wiederholung und natürlich auch hilfreiche Gedanken dazu. (Die hilfreichen Gedanken hatte die Ratte natürlich nicht. So brauchte das Lernen bei ihr besonders viel Zeit!).

Vertrauen brauchen wir! Zu uns selbst, zum Therapeuten und zur Therapie. Dann können wir die Harmlosigkeit der Welt in bezug auf all diese zwanghaften Befürchtungen wiederentdecken.

Wieder zu Carina. Wenn der Zwang sagt: »Carina, du warst unaufmerksam, bist du sicher, daß du die Suppe mit Salz gewürzt hast und nicht mit dem Putzmittel, das im Badezimmer steht?« – was dann? Auf solch dümmliche Fragen vom Zwang bleibt Carina nichts anderes übrig als *weiterzuarbeiten.* (Nicht auf den Zwangsgedanken eingehen! Nichts tun, was mit dem Zwangsgedanken zu tun hat! Nicht den kleinen Finger reichen, denn der Zwang nimmt gleich die ganze Hand.)

Schließlich lernt sie wieder, sich selbst zu vertrauen und dem, was sie tut. Wenn sie aber wirklich eine »Putzmittelsuppe« gekocht hat, dann wird man das schon bemerken. Da wird sich die Familie schon mit »pfui, grausig« bemerkbar machen!

Wenn Carina mit der Freundin telefoniert und gar auch mal lacht und nur mit halber Konzentration auf das achtet, was das Kind tut, dann könnte es sein, daß der neidige Zwang behauptet, das Kind hätte währenddessen im Nebenzimmer mit gedüngter Erde aus dem Blumentopf gespielt und diese natürlich auch haufenweise gegessen! Da bleibt Carina nichts anderes übrig, als den Übertreiber links liegenzulassen, weiterzutelefonieren und – wenn möglich – weiterzulachen. Das mag der Zwang nicht, denn er ist eitel und fühlt sich verlacht.

Und wenn Carina eines schlechten Tages wirklich nicht mehr

weiß, was ihren Kindern schaden könnte, wenn sie *alles* anzweifeln muß, dann ist es Zeit, auch einmal zu wüten: Mir reicht's, jetzt ist das Maß voll! Von mir aus passiert das Ärgste. Auch eine besorgte Mutter ist nicht für alles alleinverantwortlich. Wenn Familie nur mehr Last und alleinige Zuständigkeit bedeutet, dann soll sie doch zum ... ... (Was Carina weiterdenkt, behält sie für sich. Jeder so betroffene Zwangspatient wird seinen eigenen *Wuttext* finden).

Also bleibt Carina nichts anderes übrig, als zu sagen: »Jetzt ist mir ohnedies schon alles wurscht!« Und *weiterzuhandeln.*

Der nun also ausgelachte, übergangene, links liegengelassene, ausgeschimpfte Zwang war wohl noch eine Weile da, aber längst nicht mehr so heftig. Carina war nicht mehr hilflos und untertänig. Sie ging sogar selbst »auf Attacke«. (Sie tat das, was ich »aktiv üben« nenne, das ist das Üben, indem man selbst und freiwillig Übungssituationen sucht, um schneller weiterzukommen). Auch Übertreibungen sind erlaubt, um den Zwang zu übertrumpfen. Dann fällt ihm wirklich nichts »Ärgeres« mehr ein.

»Vorsicht, das ist vielleicht schädlich?« sagt der Zwang. »Aber sicher ist das schädlich!« sagt Carina, denn von der Unterwürfigkeit gegenüber dem Zwang hat sie ein für allemal genug.

Der Zwang staunt und drückt sich eingeschüchtert ins Eck. Da macht Carina weit die Tür auf und schmeißt ihn hinaus. So weit war noch kein Bogen wie der, mit dem Carina den Zwang hinausgeworfen hatte. Drum kam der Zwang auch nie mehr zurück!

Das war die wahre Geschichte von Carina.

*Ihre Ulrike S.*

## Die Geschichte vom Blumentopf – für Giftängstliche

In einer Garage steht ein Blumentopf, der ist sehr traurig. Eigentlich hatte er schon von Anfang an Pech im Leben. Als er entstanden war, da gab es ein Mißgeschick. Man hatte verabsäumt, seine Glasur zu brennen. So wurde er Jahr um Jahr unansehnlicher. Die Glasur begann abzubröckeln.

Ob Glasur wohl giftig ist? Die junge Frau hatte einen Zwang, der sie nun zu belästigen begann. Er setzte sich in den alten Topf und wollte nicht mehr heraus.

Die junge Frau stellte den Topf hier in die Garage und wollte nichts mehr von ihm wissen. Wer weiß, vielleicht war er nicht ganz unbedenklich.

Manchmal kam der kleine Franz in die Garage und war ein Lausbub, weil er den Blumentopf zum Nachttopf machte. Das kränkte den Blumentopf sehr.

Eines Tages kam die Frau mit dem Auto nach Hause, fuhr in die Garage und brachte neue Blumentöpfe. »Sicher ist sicher«, meinte sie. Du meine Güte, waren die neuen Töpfe schön! Die Glasur war perfekt und glänzend, die Form untadelig. Der arme alte Topf mußte mitansehen, wie die Neuen in der Garage liebevoll ausgepackt wurden. Frische Erde füllte die Frau hinein und Blumen – es war eine Pracht. Da durften sie nun in der Frühlingssonne stehen, an den alten Topf dachte niemand mehr.

Doch, die Frau dachte an ihn, vor allem, wenn sie in die Garage ging. Dann machte sie einen großen Bogen um den alten verdächtigen Topf – vorsichtshalber. Den Zwang im Topf freute das. Ein Zwang will beachtet sein, das ist sein Bestreben.

»Ich wäre doch eigentlich für die Küche bestimmt gewesen«, grämte sich der alte Blumentopf. »Was kann ich dafür, daß bei meiner Entstehung Mist gebaut wurde. Ich müßte ja kein Suppentopf auf dem Mittagstisch sein, auch Anspruch auf einen Schmalztopf in der Speisekammer hätte ich nicht. Aber weshalb darf ich nicht auch im Freien stehen, geschmückt mit ein paar

Margeriten oder Gänseblümchen? Das wäre doch nicht zuviel verlangt.« Es war ein Jammer, dem armen Kerl zuzuhören.

»Ich hätte sogar etwas zu bieten«, jetzt begann er, aufgeregt zu flüstern. »Ich könnte etwas, was die stolzen, aufgeputzten neuen Töpfe niemals zusammenbrächten.«

Was ist ihm denn jetzt auf einmal eingefallen?

»*Ich* nämlich könnte der jungen Frau helfen, gesund zu werden. Denn wenn sie mit mir auch so nett umgeht und mich mit allerlei Blumen schmückt, das ganze Jahr hindurch, im Frühling mit Stiefmütterchen, im Herbst dann mit Erika, so wie die neuen Töpfe, dann würde sie lernen, mit mir freundlicher zu sein und mich nicht mehr zu fürchten.

Immer, wenn sie mich sieht und meine Blumen gießt und mit dem Daumen prüft, ob meine Erde wohl nicht zu trocken sei, immer dann würde sie lernen, daß der Zwang, der dumme Kerl, sie an der Nase herumgeführt hat und daß ich nichts als ein harmloser Blumentopf bin.«

## Zwangsbefürchtungen rund um Hundekot

*Liebe Betroffenene!*

Einmal habe ich mit einer Zwangspatientin Bekanntschaft gemacht, die ausschließlich Gesprächstherapie mit medikamentöser Unterstützung hinter sich hatte. Eine Zeitlang war das gutgegangen, Gespräch und Medikamente hatten Erleichterung gebracht. Da wurde die Mutter von zwei Kindern der Pillen müde und setzte sie ab. Was Frau Tina dann erlebte, war ein ernüchternder Absturz. Zwängetherapie braucht eben auch den ganz praktischen Teil, die Auseinandersetzung mit dem Zwang in Form von Übungen. Dies gilt nicht nur für Handlungszwänge, auch Gedankenzwänge können oft sehr davon profitieren, wenn sie sich ganz konkret dem Zwangsdenken stellen.

Frau Tina kam zum Therapeuten, und nach den ersten Gesprächsstunden mit ihm haben wir beide uns kennengelernt. Der Therapeut hatte mir ganz sachlich erklärt: »Die Patientin leidet unter zwanghafter Angst und übermäßigem Ekel vor Hundekot und Erbrochenem.« Und ich habe mir ganz praktisch überlegt: »O je, das kann ja heiter werden.« Schließlich müssen wir in der Kotherapie die gefürchteten Dinge mehr oder weniger nahe an uns heranlassen.

Die Therapie verlangt nicht, daß wir zu Hundekot und Erbrochenem freundschaftlichen Kontakt aufbauen. Hundekot ärgert mich persönlich sehr, wobei sich der Ärger natürlich nicht gegen das arme Hunderl richtet, sondern gegen den Besitzer. Wie komme ich dazu, unser Vorzimmer zu putzen, weil eins der Kinder eine mit Hundedreck panierte Schuhsohle mit hereinbringt? Ich mag den Hund meiner Tochter, aber warum muß er die Wiese beschmutzen? Gut erzogene Katzen wissen sich besser zu benehmen. (So, jetzt habe ich sicher alle Hundebesitzer gegen mich gerichtet!)

Zu den Patienten sage ich: »Hundedreck stinkt arg, das stimmt. Aber was ist er eigentlich wirklich? Ein Abfallprodukt. Das, womit der Hund in seiner Nahrung nichts anfangen kann. Die Reste von Chappi und sonstigem Hundefutter und all dem, was die wunderschönen Augen sich im Lauf eines Tages erbetteln« (oder aus dem Biomüll stehlen, so wie wiederum der Hund meiner Tochter. Übrigens: Wenn der Hund da ist, dann ist das Enkelkind auch da – also kann der Hund nur Gutes bedeuten! Das Enkelkind wiederum liebt den Hund mit Leib und Seele, also was soll's! Habe ich jetzt die Hundefreunde wieder versöhnt?)

Das wäre also eine Art gedankliche Bearbeitung von Hundekot für unsere Frau Tina.

Wie sieht das ganz praktisch aus?

Wir schauen große Hundehaufen an. Wir gehen dran vorbei und machen keine Umwege durch andere Straßen (oder gar Stadtteile). Wir gehen wieder zu Fuß durch die Straßen, das schützende Auto bleibt daheim. Wir riskieren, nicht dauernd auf das Pflaster schauen zu müssen.

Und dann, ja dann suchen wir uns einen »braunen Fleck«, ein Restchen vom Hundehaufen. Über zahlreiche Schuhsohlen ist dieser braune Fleck das Überbleibsel der langen »Verdünnungsreihe«. Es ist wirklich nicht mehr als das.

Diesen braunen Fleck teilen wir uns gerecht auf; jede von uns beiden findet ein Plätzchen, um mit einem Schuh drauf zu stehen. Frau Tina brennt die Sohle. Wir reden und reden, über Hundekot und das Leben überhaupt. Bis die Sohle von Frau Tina weniger brennt.

Dann gehen wir Lebensmittel einkaufen. Die Einkaufstaschen sind mit dabei, während wir wieder durch die Straßen gehen. Kann Hundekot vom Pflaster auf die Tasche hüpfen? Der Zwang behauptet es. *Zwei Moleküle* vom Hundehäufchen (diese »zwei Moleküle« wurden zum stehenden Begriff!) dürfen über die Schuhe mit in die Wohnung kommen. Man darf dem Zwang nicht klein beigeben, wenn er den Anspruch erhebt, daß *überhaupt nichts* da sein darf.

Hundertprozentig nichts vom Hundedreck, nichts von Strahlung, nichts von Blut, nichts von Gift, nichts von Schuld und auch gar kein Risiko, das gibt es nicht.

Apropos Gift: Frau Tina hatte mit keinem Wort in den Erstgesprächen ihre ganz massive zwanghafte Giftangst erwähnt. Da sind wir beim Übungsausflug im Lebensmittelgeschäft »gerade so nebenbei« drauf gekommen. Keine Waschmittelpackung darf neben einer Nudelpackung in der Einkaufstasche sein! Pflanzendünger- und Brotkaufen – das muß in getrennten Einkaufsgängen erledigt werden, sagt der Zwang. Was das Zeit und Kraft kostet!

Die Praxis ist auch deshalb wichtig, weil man dem Zwang noch viel besser auf die Schliche kommt.

Ach ja, da war noch das Erbrochene. Viel unterscheidet sich die Lösung dieses Problems nicht von der des Hundekots. Man sieht, Zwängetherapie ist aus dem Leben genommen, da gibt es keine Tabus! Übrigens, ich möchte fragen, ob jemandem diese Zeilen zu konkret, zu unappetitlich sind? Das tut mir leid, aber Frau Tina ist nicht gedient, wenn ich ihr von Rosen oder Orchideen erzähle. Ich selbst habe einmal während meiner Therapie derlei Grausliges auf der Straße analysiert, denn auch mir war Erbrochenes zwanghaft ekelig geworden. Ich habe erforscht, was der arme Mensch, dem da so übel geworden war, wohl gegessen hatte. Wollen Sie's wissen? Nein?! Das dachte ich mir!

Helfen kann sich Frau Tina auch gedanklich, indem sie sich kräftiger Schimpfwörter bedient. Ich habe es andernorts schon einmal erwähnt, daß ich vom Therapeuten zum »Du Sau«-Schimpfen ermuntert worden war. Das hilft mir heute noch. Es ist saftig, kommt von Herzen und baut übermäßigen Ekel und, wenn nötig, Zorn gegen den Verursacher ab.

*Recht liebe Grüße, Ihre Ulrike S.*

*Liebe Betroffene!*

Ich muß ehrlich zugeben: »Ich hab's nicht mit den Spinnen. Wenn eine bei mir daheim herumkrabbelt, dann schrei ich: ›Bitte, hinaus damit! Aber tut ihr nichts!‹«

Jetzt bin ich aber in die Situation gekommen, eine Spinnenzwangspatientin zu betreuen.

Nein, das ist keine Spinnenphobie. Die kennen viele. Hier handelt es sich um eine Frau, die *zwanghaft* den *Kontakt* mit Spinnen und deren »Spuren« fürchtet. Wenn eine Spinne über Wäsche, Kleidung, Boden, Tisch, Wand krabbelt, dann muß sie putzen und waschen. Damit Spinnen gar nicht erst in die Wohnung kommen, sind die Fenster mit Fliegengitter versehen und verschlossen. »Wie kam *die* herein?« fragt sie fassungslos, wenn eine Spinne an der Decke sitzt.

Zunächst einmal habe ich an mir selbst arbeiten müssen: »Spinnen sind gar nicht so arg. Spinnen können nichts dafür, daß sie so häßlich sind. Arm sind sie, weil kaum jemand sie mag. So schön wie Schmetterlinge wären sie gern, aber das sind sie nicht. Spinnen sind nützlich. Spinnen sind scheue Tiere, das sieht man daran, wie schnell sie vor uns davonlaufen.«

Nach diesem einleitenden Versuch, mich freundlich gestimmt auf diese Kotherapie vorzubereiten, habe ich wieder zu meinem bewährten Mittel Zuflucht genommen. Ich habe das Gespräch probiert und der nächsten Spinne, die daheim aufgetaucht war, einen Namen gegeben. Guschti hieß sie.

Guschti war mit Vorliebe im Badezimmer. Wenn ich am Abend zu Bett ging und Guschti noch wach war, dann habe ich zu ihr gesagt: »Ja Guschti, bist noch auf? Solltest auch schlafen gehen!« So also habe ich mein Verhältnis zu den Spinnen verbessert.

Auch Frau Marias Übungshausspinne bekam einen Namen. Sie hieß Hugo. Sie saß immer am gleichen Fleck, an der Decke im Eingangsbereich. Wenn Maria heimkam, hat sie den Hugo gleich begrüßt. Irgendwie hat sie sich an ihn gewöhnt. Es kam sogar vor, daß sie Hugo vermißte, wenn er beim Heimkommen nicht oben an der Decke saß. Dann konnte sie ihn nicht begrüßen.

Ekel darf sein, aber er darf nicht zum Zwangsverhalten führen.

Eine Spinne über die Wäsche krabbeln zu lassen, ohne diese zu waschen, das hatte Maria schon geschafft. Irgendwann mußte es möglich sein, daß Maria nicht nur den indirekten Kontakt mit einer Spinne aushalten konnte. (Maria war sehr temperamentvoll. Sie ließ es sich einfach nicht nehmen, eine furchtbare Grimasse zu ziehen, als eine Spinne zum ersten Mal über Berge und Täler eines vollen Wäschekorbs kletterte.)

Also, letzte Station: der direkte Kontakt. Wir sitzen in der Wiese und suchen eine Spinne. Das nenne ich *aktives Üben*. Eine Spinne suchen und nicht von ihr »überrollt« werden.

Oder auch: In eine Telefonzelle gehen, obwohl man ein Handy in der Tasche hätte.

Oder: Einen schlafenden Obdachlosen auf einer Bank im Park suchen und an ihm vorbeigehen. Ist er tot oder lebendig? Ich bin nicht für die ganze Welt verantwortlich.

Oder: Den Stein auf dem Weg liegenlassen. Andere haben auch Augen im Kopf und können die Füße hochheben.

Oder: Einer ganzen Runde die Hand geben, obwohl man auch »Hallo, Ihr alle« sagen könnte.

Oder: Wenn möglich, übungsweise ein paar Schillinge schuldig bleiben und nicht mehr drauf zurückkommen.

Oder eben auch in der Wiese eine Spinne suchen.

Wir finden eine. Sie ist so klein, daß man sie direkt putzig nennen könnte. Ich lasse sie auf meiner Hand herumkrabbeln, das muß ich doch. Maria schaut fasziniert zu.

Jetzt kommt das Schöne. Eine der vielen Situationen, die ich in der Therapie erlebe und die mir Verhaltenstherapie so wertvoll machen. Die Spinne krabbelt also auf meiner Hand. Auch *ich* habe Spinnenfortschritte gemacht. Jetzt reichen Maria und ich uns die Hand. Die Spinne krabbelt hin und her und hin und her. Zwischen Marias Hand und meiner. Die Therapieverbindung zwischen Maria und mir via Spinne ist perfekt. Irgendwann wird's der Spinne zu fad. Sie macht einen Sprung ins Gras und ist dahin. Das tut der Maria leid. An das Händewaschen denkt sie kaum noch!

*Es grüßt recht herzlich, Ihre Ulrike S.*

## Ein Schritt-für-Schritt-Brief für Waschzwangbetroffene

*Liebe Frau Julia!*

Ich möchte Ihnen einen Brief schreiben. Das gelingt mir besser, wenn ich mir vorstellen kann, wie Sie mir gegenüber sitzen oder wie wir miteinander arbeiten. Sie sind eine liebe sympathische Frau, tüchtig in Ihrem Beruf. Sie haben Humor, das heißt, genau genommen, Sie *hätten* Humor, wenn Ihnen der Zwang diese nette Eigenschaft nicht auch noch austreiben wollte.

Seit einigen Jahren also plagt Sie der Zwang. Eigene Ausscheidungen sind es, die Sie belasten. Das ist das Ärgste für Sie. Hinzu kommen noch Kontrollzwänge, aber diese sind nicht so ausgeprägt und lebenseinschränkend wie Ihr Waschzwang.

Der Kontroll- und der Waschzwang tun sich gern zusammen und machen sich dann in einem Arbeitsgang oder Bedürfnis bemerkbar.

Verstehen Sie, wie ich das meine? Wenn Sie, Frau Julia, das Waschmittel in die Maschine geben, dann beginnt das Kontrollieren. Die Dosierlade geht auf und zu und auf und zu. Habe ich überhaupt Waschmittel hineingetan, oder war ich nicht ganz bei der Sache? Ist genügend Waschmittel drin für »hundertprozentige« Sauberkeit? Habe ich die Wäschekörbe für »sauber« und »schmutzig« nicht verwechselt. Sollte ich den »sauberen« nicht noch einmal nachwischen?

Immer mehr will er, der Zwang. Immer ausgeprägter wird die Unsicherheit. Für den Zwangspatienten bedeuten seine Probleme eine Welt, der Normalsterbliche hingegen versteht ihn nicht.

»Erzähl mir nichts, du machst mir Angst«, hat eine nüchtern und sehr praktisch denkende, psychisch gesunde Ehefrau zu ihrem Mann gesagt. Sie liebt ihn, aber seine Zwangssymptome erscheinen ihr so fremd und seltsam, davon möchte sie am liebsten nichts hören. Außerdem, wenn er ein wenig mehr ihrem gesunden Menschenverstand vertrauen könnte, wenn er ein bißchen weniger stur wäre, dann, ja dann ... Dann wäre die ganze Therapie überflüssig, meint sie.

Nein, so geht das nicht. Wer so denkt, denkt zu einfach. Der Zwangskranke braucht viel mehr.

Sie erzählen mir, Frau Julia, wie Sie mit Freunden zusammensitzen, mit ihnen lachen und blödeln. Manchmal gelingt es Ihnen ja wirklich, aufrichtig lustig zu sein. Aber dann kommt der Gedanke um so schmerzlicher daher: »Wenn Ihr nur wüßtet, wie es in mir drinnen aussieht!«

Das habe ich mir auch während der Therapie gedacht: »Wenn ihr nur wüßtet, was ich jetzt tun muß!« Aber da ist man dann wenigstens nicht so mehr allein.

Sie haben niemandem etwas erzählt von Ihren Problemen.

Wer würde *das* schon verstehen? Sie haben Ihr Leben weitergeführt, so gut es halt ging. Den Beruf, die Freundschaften, die Freizeitbeschäftigungen. Doch der Zwang, so haben Sie es mir geschildert, war eigentlich immer da. Vom Aufstehen bis zum Schlafengehen war er dabei.

Die ersten Begegnungen mit Ihnen waren für mich sehr angenehm, weil Sie sich so motiviert zeigten. Ich habe gleich gespürt: Sie wollen die Zwänge unbedingt loswerden (das ist nicht bei jedem Patienten so eindeutig klar), Sie sind froh um jede Hilfestellung (auch da komme ich mir manchmal wie ein lästiger Helfer vor. Wie ein notgedrungen geduldeter Fremdkörper in der intimen und mehr oder weniger heimlich gehüteten Privatsphäre eines Zwangskranken. Warum ich das auf mich nehme, werde ich manchmal gefragt. Weil sich das Blatt meist irgendwann wendet, dann gibt es fröhliche Gesichter!).

Sie sind froh um die Gespräche und besonders auch um die Hausbesuche. Sie waren (angenehm) überrascht, daß jemand sogar ins Haus kommt, um Ihnen zu helfen. Ehrlich gesagt, soviel Therapiebereitschaft und Dankbarkeit für Hilfe ist mir noch nie untergekommen.

Mit Ihnen darf man den Zwang auch mal auslachen und ein bißl schwarzen Humor betreiben. Gut, daß Sie das können! Für depressive Patienten ist Späßemachen allerdings eine Plage; das weiß ich, das bedenke ich auch.

Jetzt ist es aber Zeit, Frau Julia, daß wir das Ding beim Namen nennen. Ihre größten Zwangsprobleme ziehen sich rund um die Verdauung. Sie fühlen sich nach Stuhlgang *immer* sehr schmutzig, auch, wenn Sie eine Rolle oder mehr verbraucht haben. Und wehe, wehe, sagt der Zwang, wenn irgendwer anderer, auf welche Weise auch immer, »von Ihnen beschmutzt wird«.

Was heißt das?

Keine noch so geringe Spur von Ihrem Stuhlgang, kein Molekülchen, darf Mitmenschen zugemutet werden. Haben Sie wirklich geglaubt, daß das machbar sei? Auch nicht über lange »Verdünnungsreihen« darf das geschehen, meinen Sie (z. B. über Bücher, die Sie von anderen ausleihen und dann wieder zurückgeben müssen, über Stühle bei Bekannten, auf die Sie sich setzen, über das Auto einer Freundin, in dem Sie mitfahren). So ist es doch, nicht wahr?

Julia, und wenn Sie sich im Lauf eines Zwangslebens noch so von Freunden, Familie und so weiter abkapseln, Sie werden diese Forderung des Zwangs *nie* erfüllen können. Im Gegenteil, Ihre Zwangsansprüche werden wachsen, Ihre Unzufriedenheit mit dem »Erzwängelten« wird immer größer werden.Und da wollen wir einhaken. Da ist eine der Chancen für Ihre Therapie: Weil es nicht sein kann, weil es nicht sein muß, deshalb wollen wir es auch gar nicht! Jetzt schaut er blöd, der Zwang! »Was, sie will das nicht mehr?« fragt er empört. »Wie kann ich sie dann noch zwacken?!«

Mir hatte der Therapeut seinerzeit gesagt, ich müsse lernen, ein *Leben in Kontrasten* zu akzeptieren. Für mich waren das unter anderem die reinlichen Menschen in sauberen Kleidern, und im Kontrast dazu stand all das, was Menschen auch ausmacht: ihr Schweiß samt Geruch, ihre Zottelhaare ohne besonderen Glanz, ihre Kleider, die mit Waschmaschinen weniger am Hut haben, ihre Aussprache, die manchmal etwas feucht ist. Wer weiß, vielleicht steckt hinter Unperfektem mehr Menschlichkeit und Erbarmen und Verständnis für einen Zwängler als »Seitenblickemenschen« womöglich aufbringen könnten? Die blicken wirklich oft am liebsten zur Seite, um das Traurige im Leben nicht sehen zu müssen.

Mein letzter Obdachloser, dem ich ein bißl was zukommen ließ, der hatte so schöne braune Augen, das habe ich bis heute nicht vergessen. Dazu die Dankbarkeit für den kleinen Betrag! Das ist schon auch etwas in diesem kontrastreichen Leben. Jedenfalls habe ich ihn noch heute im Gedächtnis.

Kontraste bei der Reinlichkeit, liebe Julia, aber auch in andern Bereichen des Lebens sollte ich lernen. Es können leider nicht alle Menschen nett, hilfsbereit und stets ausgeglichen sein. Dann wären wir im Paradies. Es gibt Lustige und Grantige, Besonnene und Draufgänger, Fleißige und Faulenzer. Und eben auch solche, die nach dem Stuhlgang sehr unbekümmert verfahren können, oder gar solche, die nachher ans Händewaschen nicht denken.

Das gibt's, und daran ist nicht zu rütteln. Damit muß man leben können, sonst geht das schlecht aus.

Verstehen Sie mich richtig: Sauber und reinlich mag ich immer noch, bei mir und bei anderen. Man lernt in der Therapie einen gewissen Standard, eine Norm kennen. Doch das alles hat für mich nicht mehr die Bedeutung und Wichtigkeit von früher. Schmutz kann mich noch ärgern; zuviel Schmutz kann mich empören, vor allem, wenn er mit Rücksichtslosigkeit verbunden ist. Er bringt mich aber nicht mehr in eine scheinbar ausweglose Lage, in Panik und Angst. Ich stelle mir manchmal vor: Ich hätte keinen roten Heller mehr in der Tasche. Ich müßte, um Geld zu verdienen, im »Dritten Mann«-Film als Statist im Kanalnetz Wiens mitagieren (= Maximum an Schmutzvorstellung!). Dann würde ich mir am Drehabend erlauben, angeekelt (= normales Gefühl), auf Zehenspitzen (= für diese Situation Normverhalten) zur Waschmaschine zu hüpfen, die Kleider in die Maschine zu stecken und zu duschen. Das so verdiente Geld würde ich nicht waschen, denn da war ohnedies schon vorher »alles« drauf (= schonungslose Information aus der Crombachschen Therapie). Die Aussicht, während der Dreharbeiten da unten vielleicht ein Lächeln von Orson Welles zu erhaschen, würde noch einmal die Motivation erhöhen!

Jetzt weiter!

Die ersten Therapietage waren ein Freudenrausch für Sie. Nein so was, daß es das auch gibt!

Bei mir haben sich Überraschung, Freude und auch etwas Skepsis die Hand gereicht. Vieles schien Ihnen schon leichter. Die Stimmung war prächtig, der Unternehmungsgeist auf Hochtouren. Nichts wie raus am Abend und unter die Leute! »Die andern können ruhig von mir *auch* etwas einstecken!« Richtig »revanchebedürftig« sind Sie mir vorgekommen. »Ich bekomme von denen doch auch so manches ab!«

Ganz richtig. Diese rasche Einsicht!

Wenn ich vom Leben in Kontrasten spreche, dann denke ich

mir das für Sie, Frau Julia, so: Mal kommen Sie frisch aus der Dusche, mal kehren Sie am Abend verschwitzt von der Arbeit heim. Sie haben schöne glänzende Haare und frische gesunde Haut. Aber ohne Verdauung mit allem drum und dran geht's einfach nicht. Auch der Kaiser von China muß auf die Toilette und die Claudia Schiffer ebenso, auch wenn sie pro Tag wahrscheinlich nicht mehr ißt als eine halbe Zitrone.

*Gute Nacht, bis bald! Ihre Ulrike S.*

*Liebe Frau Julia!*

Das war ein Tag gestern, da war alles drin, vor allem für Sie!

Heute um zehn Uhr vormittags bin ich aus dem Bett gekrabbelt, um Sie am Telefon zu fragen, wie es Ihnen geht. Ich habe Sie aus den Federn geholt. Das heißt also: Wir waren beide regelrecht geschafft. Eine Schlacht haben wir geschlagen! Eine Schlacht hinter Schloß und Riegel allerdings, nämlich am stillen Örtchen.

Ich hatte bereits in der Vorbereitung bei mir daheim den Entschluß gefaßt: Heute ist es so weit. Heute ist die Frau Julia fällig. Alles andere ist unnötige Verzögerung.

Reden wir noch einmal konkret über gestern. Wir kennen uns doch schon eine Weile, nichts Menschliches ist uns mehr fremd. Sie sind nicht die erste, bei der ich am Badewannenrand gesessen bin, vor der Dusche ermunternd zugeredet habe und eben auch im WC mit dabei war.

Ich weiß, es hilft Ihnen gegen Unsicherheit, wenn ich Ihnen den gestrigen Tag noch einmal aufrolle. Vor dem Üben reden wir immer miteinander, also auch diesmal.

»Wie gehen denn Sie, wie gehen denn andere mit meinem Problem um, wenn ich *das* nur wüßte!«

Das zu erfahren, war Ihr größtes Anliegen. Sie wünschten sich das so sehnlich, als ob damit für den Rest des Lebens alle Ihre Sorgen vom Tisch gewischt wären. Ganz so unrecht hatten Sie ja nicht. Wer zwangskrank ist und über die Therapie lernt, andere zum Vorbild zu nehmen, dem kann gut geholfen werden.

Aber wie reinigen sich nun wirklich die anderen? Schwer zu sagen, da können Sie kaum dabei sein und lernen. Die Sache geschieht »geheim«.

Mein Enkelkind allerdings macht kein Hehl daraus. Wenn alles schon erledigt ist, die Abendflasche getrunken, die Gute-Nacht-Geschichte erzählt, das Hasi mit im Bett, das Wasser für die Nacht neben dem Bett und die Tür mit einem hoffnungsfrohen »Gute Nacht, mein Schatz« leise geschlossen wurde, dann spielt der Bursche seinen letzten Trumpf aus und schreit: »Gagga!« Da hilft nichts, er wurde zur Sauberkeit erzogen, es ist sein gutes Recht. Also hinauf auf den Topf. Das Kerlchen bemüht sich sichtlich, doch es weiß selbst – das war ein raffinierter Fehlalarm! Die Gute-Nacht-Zeremonie beginnt von vorn. Er hat es halt wieder einmal probiert! Hat er mit seinem Geschäft Erfolg, dann muß man ihn sehr loben: »Ist *das* aber ein schöner, großer Gagga!« Derselbige wird dem Opa, der Oma, dem Papa, der Mama gezeigt. Alle sollen überrascht sein und loben. Das sei das beste Mittel, um den Liebling vor Verstopfungen zu bewahren. Nun sagen Sie gerade, daß »der Gagga« bei uns kein Thema sei!

Ich hatte vor dem Hausbesuch daheim etwas versucht. Farben habe ich jede Menge, das gehört zu meinem Hobby. Ölkreiden schienen mir am geeignetsten. Sie sind so schön weich und cremig. Man kann sie exzellent verschmieren! Drücke ich mich ekelig aus? Bitte weghören, es kommt noch ärger: Etwas Ölkreide in Ocker, etwas Umbra gebrannt, auch Dunkelbraun, das macht sich gut. Das alles auf ein Blatt Toilettenpapier gemalt. Ich habe gelbes genommen, das gibt einen schönen Hintergrund. Ein Probeblatt legen wir in die Kloschale. Das sieht aus, als wenn jemand vergessen hätte, die Spülung zu betätigen – wirklich ein »realistischer« Anblick!

Sie wollten wissen, wie andere die Toilette verlassen. Wie andere sich danach unter die Leute trauen. Wie »schmutzig« diese nach dem Stuhlgang unters Volk gehen, ohne sich wund- und blutigzureinigen.

Ich gehöre der Schule der Verhaltenstherapie an, da gibt es nichts zu fackeln.

Ich habe halt mit Ölkreide auf WC-Papier gemalt, wie *ich* »nachher« ohne Hemmungen die Toilette verlassen kann. Ich bin keine Norm, und die gibt es eigentlich nicht wirklich, aber Ihr Vertrauen habe ich. Das ist das Wichtigste.

Große Erleichterung!

Doch, was jetzt?

Der Zwang ist so gemein. Der Zweifel meldet sich wiederum, und gern tut er das nach erleichtertem Aufatmen. Weil die arme Seele einfach keine Ruhe haben darf! Es nützt nichts, wir müssen uns noch einmal um unser Thema kümmern. Ihnen ist es so wichtig, und für mich ist das der Beruf.

»Habe ich überhaupt Stuhl gehabt oder nicht?« das läßt der Zwang Sie jetzt plötzlich zweifeln. Kaum ist das eine Problem einigermaßen im Griff, hat sich die Zweifelkrankheit wieder etwas ausgedacht. Kontrollzwänge werden Ihr neu aufgetauchtes Problem auch kennen: War ich überhaupt in der Küche, das Backrohr nachzusehen? Schuldzwänge: Habe ich die Rechnung überhaupt bezahlt? Religiöse Zwänge: Habe ich wohl mit guten Gedanken Weihwasser verwendet in der Kirche? War ich überhaupt drinnen? Tötungsangst: Habe ich das Messer schon in der Hand gehabt?

Tun Sie nicht verzagen, liebe Julia. Wir bleiben bei der Sache, bis diese ausgefochten ist. Wir werden die Sieger sein! Sie müssen nur mitziehen. Der Zwang ist einer, der das Maul weit aufreißt, aber eigentlich wenig zu sagen hat. Habe ich das deutlich genug gesagt?!

Zur Sache, ganz konkret, sonst ist es nicht Therapie gegen Zwänge.

»Ich bin so unsicher, habe ich nun überhaupt Stuhl gehabt oder nicht?«

Hilfestellungen: Wenn Sie Stuhl gehabt haben, dann haben Sie *automatisch* das »Richtige« getan. Das heißt, Sie haben Ihre von uns empfohlenen fünf Blätter genommen und sich gereinigt. Anders *könnten* Sie zur Zeit noch gar nicht handeln. Die neu erlernte Reinigung ist Ihnen noch so wichtig. Zu wichtig, als daß Sie unkonzentriert, nur so nebenbei und »schlampig« agieren könnten. *Vertrauen Sie auf Ihre Automatik!* (Dieser Satz fällt oft in der Therapie. Der Kontrollzwang wird automatisch die Haustüre zusperren. Der Waschzwang wird automatisch die Hände waschen, wenn es angezeigt ist ...)

Jetzt kommt noch etwas Wichtiges. Ein Rat, der auch anderen Zwängen nützen könnte: Haben Sie den Mut, immer wieder in der Vorstellung das »Ärgste« anzunehmen. Das Ärgste muß *sein dürfen*, sonst gibt der Zwang nie Ruhe. Er fragt ja immer weiter: Was aber ist, wenn? Dann müssen Sie eine Antwort bereit haben.

Das Ärgste wäre wohl für Sie: Sie hatten Stuhlgang und haben aus lauter Zerstreutheit, weil es Ihnen doch gar nicht mehr so wichtig ist, das Toilettenpapier vergessen.

Wenn Sie ganz toll sein wollen, dann erfinden Sie doch eine Geschichte: Sie sitzen auf der Toilette, einschlägig beschäftigt. Da klingelt das Telefon. Die Freundin – endlich ruft sie an. Sie hüpfen zum Telefon, die Jeans schlingern um Ihre Knöchel ...

Sie gehen sehr streng mit sich um. Einerseits fühlen Sie sich schuldig, wenn Sie andere (zwanghaft) beschmutzen, andrerseits fürchten Sie (wiederum zwanghaft) die Kritik anderer, weil Sie nicht sauber genug sein könnten.

Wir sind zwar beide schon ziemlich geschafft vom Üben daheim, aber es nützt nichts, wir müssen noch unter die Leute. Wir werden ganz praktisch sein und Jeans anprobieren. Da können Sie »aufnehmen« und »abgeben«. Da können Sie als »nicht ganz Saubere« in »nicht ganz Sauberes« hineinschlüpfen.

Was interessiert andere junge Leute beim Hosenkauf? Glauben Sie, die gehen vorher noch nach Hause duschen? Bestimmt nicht! Oder glauben Sie, die suchen die Hosen am Ständer nach Sauberkeit aus? Das ist es ja eben, daß andere gar nicht an das denken, was Ihnen so zu schaffen macht.

Und jetzt endet dieser sehr runde Übungsnachmittag wie sonst auch: Nach der großen Freude, endlich wieder einmal

»wie die andern« Jeans probiert zu haben (was ist wichtig – modisch und nicht zu teuer!) kommt das Aushalten, nicht vor Ladenschluß doch noch heimlich die probierte, von Ihnen »verschmutzte« Hose zu kaufen, um nicht an der Menschheit »schuldig« zu werden!

Sie sind wahnsinnig müde? Sie haben kaum noch Kontrolle über das, was Sie sonst so genau wissen mußten? Um so besser! Die Hauptsache ist, Sie wissen jetzt wieder, welche Jeans Sie *wirklich* mögen.

Es hat Zeiten gegeben, da habe ich an einem Kleidungsstück nur durch Anschauen Maß genommen, dann habe ich's mit spitzen Fingern gekauft, dann gewaschen und erst anschließend probiert. Sie können sich vorstellen, was dabei herausgekommen ist.

Kein Wunder, daß ich heute immer noch gern in Kaufhäusern stöbern und probieren und auch gern kaufen gehe. Sie auch?

*Auf bald! Ihre Ulrike S.*

*Liebe Frau Julia!*

Kein Grund zur Panik. Es fängt nicht alles von vorn an. Nur das Thema hat sich verschoben. Den Umgang mit dem Zwang haben Sie gelernt, dieses Wissen bleibt Ihnen trotz Themenverschiebung erhalten. Das Thema ist nicht so wichtig, der Umgang damit ist wesentlich. Ob Blut oder Haut und Schweiß, ob Glasscherben oder Straßenstaub, ob Geldschuld oder Schuld für Leben, ob Höllenangst oder Seelenverlust, ob Spermazwang – unterm Strich steht immer: Zwang. Nicht erschrecken! Erschrecken läßt den Zwang bedeutend werden, das freut ihn. Was unbedeutend ist, kann nicht zum Zwang werden.

Mitten in meiner Therapie bekam ich plötzlich Gedankenzwänge. Ich weiß gar nicht mehr, weshalb. Vielleicht war ich müde. Auch ich bin recht erschrocken. Ich hatte doch vorher nie reine Gedankenzwänge, warum denn jetzt, wo alles recht gut läuft.

Was mir damals gesagt wurde, das wird auch Ihnen helfen: Der Zwang zappelt. Er sucht sich ein neues Thema, weil das alte nicht mehr greift. Mit der bisherigen Angst vor Stuhl hat er Sie nicht mehr so im Griff, der Zwang braucht ein »frisches Thema«.

Wir haben, Sie werden sich erinnern, Ihre weniger ausgeprägten Kontrollzwänge mit in die Übungen hineingenommen, damit diese innerhalb der Therapie nicht anwachsen können. Jetzt hat Sie der Zwang mit einem Thema übertölpelt, das Ihnen neu war. Ganz schön raffiniert. Aber nur zum kurzfristigen Erschrecken geeignet.

Nicht das Zwangsthema ist so wesentlich. Aus dem Fluß der Ereignisse kann sich ein Thema ergeben, so habe ich es gelernt. Sicher geschieht das unter besonderen Umständen, wie bei Ihnen, die Sie derzeit beruflich überlastet sind. Auch die Therapie ist ja alles andere als erholsame Sommerfrische. Die kann einem schon an die Substanz gehen.

Aber, wie gesagt, kein Grund zur Panik. Wir nehmen die Sie belästigenden Spermien mit Ekel und Schwangerschaftsangst mit hinein ins Üben, ganz auf gewohnte Weise. Sie werden sehen, die suchen schneller das Weite als Ihr erstes Zwangsthema. Weil Sie, Frau Julia, ganz einfach schon gut geschult sind.

Was würden Sie tun, wollten Sie schwanger werden? Das Anstreifen an einem männlichen Jackenärmel, das reicht wohl wirklich nicht.

Ekel vor Sperma? Das hängt von den Umständen ab. Ganz weghaben und ausschließen dürfen Sie auch diese Ausscheidungen nicht. Das ist nicht möglich und nicht notwendig, weil zum Leben gehörend.

Der Wunsch nach »Freisein von« reizt den Zwang. Ein bißchen was darf sein! Denken Sie an die »zwei Moleküle«, die überall sein dürfen. Wäre auch gar nicht anders möglich!

Geht es wieder besser?

*Ihre Ulrike S.*

*Liebe Frau Julia!*

Ich hatte mir schon überlegt, daß dies eine Blitztherapie werden könnte.

»Ich will den Zwang loshaben, und zwar ganz«, so Ihre Worte.

Nun, das sagen viele. Es gibt sogar solche, die sagen: Alles oder nichts! Wie beim Zwang, der kennt auch nichts Relatives. Aber die wissen nicht, was sie da sagen.

»Ich will nicht einmal mehr schlucken müssen, wenn jemand mit Schuhen in meine Wohnung kommt«, so habe ich's schon gehört.

Warum eigentlich? Der dies sagte, war einmal schwer zwangskrank. Er hat eine gelungene Therapie hinter sich. Und jetzt möchte er sogar vergessen können, was einmal so groß und bedeutend war. Das ist ein absolut unrealistischer Anspruch. In seinem Bewußtsein, in seiner Erinnerung darf doch noch das sein, was einmal, weil übergroß, zur Krankheit wurde.

Ich habe kein schlechtes Gewissen, wenn Familie oder gute Bekannte so nett sind und vor der Tür die Schuhe ausziehen. Ich mag das und gestehe mir zu, das zu mögen. Punktum! Man darf später – nach geglückter Therapie – doch seine ganz persönlichen Ansprüche haben, auch wenn diese einmal zum zwanghaften Verhalten eskaliert waren.

Zurück zu Ihnen, Frau Julia.

Sie haben kaum Termine abgesagt und waren ziemlich konsequent und tapfer. Und trotzdem: Die Sache geht doch nicht so schnell, wie zunächst erwartet.

»Wie stehe ich vor andern da? Wie wirke ich auf andere? Wie beurteilen mich diese?«

Da hat sich der Zwang etwas abgeschrieben. Der läßt Sie *auch* solches fürchten.

»Könnte man an mir etwas Unsauberes bemerken? Könnte man mich kritisieren?«

»Sie wollen es jedem recht machen, allen gefallen? Das ist unmöglich«, so der Therapeut.

Wir sitzen zu dritt beisammen in der Therapiestunde.

»Seien Sie *so*, wie *Sie* es für richtig halten. Allen können Sie nicht gefallen.«

Das ist gut, das nehmen wir mit in die Kotherapie, da können wir solche Ratschläge gut gebrauchen. In der Konfrontation sinkt leicht der Mut, und Lebensprobleme melden sich verstärkt. Da bin ich froh, wenn ich solche Hilfestellungen wieder hervorholen kann.

Da war noch etwas in dieser Therapiestunde zu dritt, was Sie beeindruckt hatte. Wir haben über Ihr *ganz großes Problem* gesprochen, ohne daß irgendeine Peinlichkeit aufgekommen wäre. Das tut schon gut, wenn man, ohne einen roten Kopf kriegen zu müssen, ganz sachlich über jahrelang verheimlichte Dinge reden kann.

Wir reden von einem Leidensgefährten, der auch hier zur Therapie war. Er konnte nur weiße Unterwäsche tragen, der besseren Kontrolle wegen. Er hatte das gleiche Problem wie Sie. Heute geht's ihm gut.

Und von einem Mädchen wird berichtet, das ausschließlich weißem Toilettenpapier traute, damit sie ja alles sieht. Es tut gut zu hören, nicht die einzige auf der Welt zu sein mit solch einem Problem.

Hier handelt es sich um eine Krankheit mit großer Unsicherheit, eben um eine *Krankheit*. Über die wird man wohl noch reden dürfen! Noch dazu, wenn damit soviel Leid verbunden ist.

Die Empfehlung für die Reinigung war: Fünf Blätter Toilettenpapier nach dem Stuhlgang sollten genügen. Die verbleibende »Unsauberkeit« ist Übung.

Wir haben uns an dem sehr guten Manual für Zwängetherapie von Angelika Lakatos und Hans Reinecker (1999) orientiert. Den dort empfohlenen drei Blättern haben wir für die vielleicht hygienisch weniger sparsamen und in der Therapie nicht so strengen Österreicher noch zwei hinzugefügt! Das ist für Sie noch schwierig genug, Frau Julia.

Ein ganz konkret empfohlenes Therapieverhalten wird oft leichter akzeptiert, auch wenn die Aufgabe schwierig ist. Die

Unsicherheit mag gern genaue Vorschriften, da bleibt einem die Zweifelei erspart.

Es ist nun der fünfte Tag des neuen WC-Verhaltens, und Sie leiden noch ziemlich unter dem Gefühl der Unsauberkeit.

»Wenn ich nur wüßte, wie das die anderen halten!«

Ja, ja, die andern, das ist ein Problem. Die einen nehmen gar kein Toilette-Papier, sondern Sand, die andern nehmen eine Rolle oder zwei (das sind die Zwangskranken), die dritten nehmen ganz nach Bedarf, ohne einen Gedanken dran zu verschwenden, die vierten ausschließlich Hakle Feucht und so weiter. Jetzt nehmen Sie einmal vertrauensvoll die empfohlenen fünf Blatt – nicht mehr und nicht weniger! Gewinnen Sie Sicherheit in diesem neuen Therapieverhalten, und Sie werden *erfahren*, daß Ihr Problem an Wichtigkeit verliert.

Es wird nicht lange dauern, dann geht es Ihnen besser. Da bin ich ganz zuversichtlich. Bis bald!

*Ihre Ulrike S.*

## Waschzwang, Erkrankungsangst, zwanghafter Ekel

*Liebe Mareijke!*

Wenn ich an Sie denke, dann habe ich wechselweise drei Bilder vor mir. Ich versuche, diesen Bildern einen Titel zu geben:

Das erste nenne ich »Mareijke vor dem Spiegel«, das zweite »Mareijke auf dem Fensterbrett«. Ein drittes Bild gibt es auch noch, aber das verscheuche ich gern. Da denke ich mir: Ende gut, alles gut. Und auch: Es ist noch kein Meister vom Himmel gefallen. Aller Anfang ist schwer. Wo gehobelt wird, da fliegen Späne.

Gibt es sonst noch irgendwelche tröstliche Sprüche für eine

Kotherapeutin und ihre Erfahrungen beim allerersten Hausbesuch in Eigenverantwortung?

Bei diesem dritten Bild herrscht feindselige Stimmung im Raum. Sie sitzen am Küchentisch und reden kein Wort mehr mit mir. Ich spüre es, Sie würden mich am liebsten umbringen. Sie überlegen sich nur noch, wie Sie es anstellen könnten. Das ist nun mal mein Kotherapeutenschicksal, das habe ich dann später noch unzählige Male zu spüren bekommen.

Vor ein paar Tagen hatte ich regelrechten Unmut verspürt, weil der Therapeut meist sehr geschätzt wird. Die Patienten finden ihn verständnisvoll, geduldig, einfühlsam. Er redet gut zu, er tröstet und beschwichtigt, er entwickelt Perspektiven, er ist der seelische Anwalt des Patienten. Er ist der ruhende Pol. Da wäre ja nichts dagegen zu sagen, hätte ich nicht eine so viel unangenehmere Rolle zu spielen. (Stimmt ja eigentlich gar nicht! Lassen Sie mich nur ein wenig schimpfen!)

Die Unruhe (ja sogar den Zorn und Ärger) bringe ich in die Therapie, weil ich konfrontieren muß.

»Ich könnte Sie umbringen«, sagte kürzlich eine liebe, sensible, stets höfliche Dame zu mir. Da habe ich nicht schlecht gestaunt. Solch starke negative Emotionen habe ich ihr selbst in der Konfrontation nicht zugetraut.

Sie, liebe Mareijke, hätten mich am liebsten bei der Türe hinausgeworfen. Das habe ich deutlich gespürt, das lag in der Luft. Sie seien gerade vom Urlaub mit der Familie heimgekommen, es war dank der Therapie der erste schöne Urlaub seit langer Zeit. Sie hätten sich gerade noch so wohl gefühlt. Jetzt ist die Urlaubslaune beim Teufel und das ganze Haus verstrahlt.

Was hatte ich denn schon wieder angestellt?

Ach ja, erinnern Sie sich noch, ich hatte einen Schirm mitgebracht. Und das bei schönem Wetter. Es war ein Schirm, der für Sie nicht das Prädikat »unbedenklich« verdiente. Er war nicht mehr neu, bestimmt aus der Zeit von etwa 1986, dafür haben Sie einen Blick. Der Schirm war grau und braun und nicht pink und lila. Pink und Lila waren vertrauenserweckend. Die altvattrigen Schirme in Grau und Braun, die hatten in Ihrer Vorstellung Tschernobyl erlebt. Da waren Strahlenreste von Tschernobylregenwasser drauf, sagen Sie. Die neuen waren fein und rein. Der meinige war alt. Vielleicht hätte ich Sie drauf vorbereiten sollen. Das ist manchmal gut, manchmal aber bringt das unnötig große Erwartungsangst. Die Patienten haben diesbezüglich unterschiedliche Bedürfnisse. Da kommt eine Kotherapeutin mit der Zeit drauf, was gescheiter ist – das bringt die Erfahrung.

Natürlich sollte mein mitgebrachter Schirm etwas bewirken. Wenn das nur nicht so schwer für Sie gewesen wäre. Der Schirm muß ins Winkerl, draußen vor der Haustür, sagen Sie. Ich selbst bin – natürlich – auch kontaminiert, was machen wir mit mir? Sie sitzen und brüten vor sich hin. Es ist alles eher als gemütlich.

Da muß wieder ein Sprichwort herhalten: Durchs Reden kommen die Leut' zusammen! Ich habe irgendwann einmal versucht, Ihr eisiges Schweigen zu brechen. Ich habe geredet und geredet und heimlich den Therapeuten verwünscht und doch wieder herbeigewünscht, er möge mir doch helfen.

Nach etwa einer für uns beide unguten halben Stunde kamen zaghaft und vorsichtig die ersten Worte. Wie im Frühsommer, wenn bei Morgengrauen die erste Amsel zu singen beginnt. Dann riskierten Sie ein Streifen an meinem Blusenärmel, ein Berühren meines Handrückens, und plötzlich haben Sie sich einen ganz tollen Ruck gegeben und mit einem Seufzer gesagt: »Jetzt gebe ich Ihnen frisch die ganze Hand!« Sie haben kräftig und herzlich meine Hand gedrückt, das war einfach schön! Für solche Erlebnisse kann ich schon allerlei vertragen, die machen jeglichen Unmut über die Schwierigkeiten bei meiner Arbeit wett. So etwas vergesse ich nie, und wenn ich sonst noch soviel vergesse!

Wissen Sie noch, Mareijke, wie wir dann, Arm in Arm, unter dem Schirm durch die Wohnung spaziert sind? Wie das unendlich schöne Gefühl über Sie gekommen ist, das man hat, wenn die Zwangsbefürchtung nachläßt? Das ist schöner als Weihnachten, schöner als Urlaub in der Karibik. In solchen Momenten denke ich dann auch an den Therapeuten etwas milder gestimmt als in kritischer Konfrontation und daran, daß es schade ist, daß er hier nicht mit dabeisein kann. Aber wir erzählen in der Therapiestunde, da kann er sich dann mitfreuen. Wir sind ein gutes Team zu dritt, denke ich. Außerdem, Mareijke, haben wir ja auch schon in der Praxis Übungen zu dritt gemacht. Da werden Sie sich sicher dran erinnern.

Es gibt Zwänge, da braucht es keine Kotherapie. Es gibt auch Therapeuten, die helfen selbst »vor Ort«. (So habe ich das seinerzeit erfahren.) Aber bei manchen Zwangsstörungen ist eine Behandlung ohne Kotherapie einfach zu kompliziert und zeitaufwendig, manchmal auch schwer durchführbar, weil ausgeprägte Unsicherheit und Scheu vor der Konfrontation zusätzliche Betreuung vor Ort braucht.

Jetzt, Mareijke, muß ich aber das erste Bild beschreiben. Es hat auch noch mit dem »bestrahlten« Schirm zu tun.

Sie stehen in der Wohnung unter meinem Schirm. Das war eine Wiederholung bei einem weiteren Hausbesuch. Ihre Kinder finden das lustig: Unter einem Schirm in der Wohnung, was der Mama seit neuestem alles einfällt! (Kürzlich, bei einem Hausbesuch, konnte sich eine junge Mutter seit Jahren zum ersten Mal wieder auf die Klobrille des eigenen WC setzen. Da fing das Söhnchen, das mit dabei war, ganz arg an zu weinen. Das Bild war ihm allzu fremd, ihm war bang um die Mama!)

Ihnen ist noch nicht ganz wohl, das wäre auch zuviel verlangt. Die Hauptsache ist zunächst, daß Sie das Unvorstellbare überhaupt *tun* können. Alles weitere kommt schon noch!

Da haben Sie einen kleinen Trick versucht, der in der Zwängetherapie bekannt ist. Sie wollten sich aus der Situation ausklinken. »Eigentlich bin das gar nicht ich«, haben sie mit Ihrem Selbst zu verhandeln versucht. »Eigentlich habe ich das Gefühl, als sei das eine andere, die da den Schirm in der Hand hält.«

Papperlapapp! Das ist glatte Vermeidung. Das ist ein unbewußtes Liebäugeln mit der Möglichkeit: »Vielleicht habe ich mich doch nicht so weit auf die Therapie eingelassen.«

Ich habe es Ihnen gezeigt, wer da lernt, mit dem Zwang umzugehen. Wir haben uns vor den großen Spiegel im Schlafzimmer gestellt. »Schauen Sie hinein, Mareijke. Das sind doch unbestritten Sie, die da aus dem Spiegelbild herausstaunt. Sie und niemand anderer!« Der Zwang mußte es einsehen und schlich verärgert zur Tür hinaus.

Das zweite Bild stammt aus der letzten Therapiezeit. Ich mag dieses Bild besonders gern. Es zeigt geschickten Umgang mit dem Gelernten und wiedererlangte Vitalität.

Wissen Sie es überhaupt noch? In Ihrer kranken Zeit haben Sie streng zwischen drinnen und draußen unterschieden. Das versteht man. Tschernobyl war ja draußen. Ihre Fenster und Türen, Ihre Schleusen und Vorkehrungen haben Sie scheinbar vor dem bösen Draußen bewahrt. Einigermaßen. Das übliche Ritual war Kleiderwaschen, Bodenwischen, Duschen, Umziehen, ...

Bis Tschernobyl war die Welt gut, nachher war sie bedrohlich. Fensterscheiben außen waren schlecht, innen waren sie gut. Für außen haben Sie einen eigenen Eimer gebraucht, ein eigenes Putztuch. Und möglichst kein Publikum, das stört und kritisiert, weil die Arbeit so umständlich verrichtet wird. Ein Zuschauer, der womöglich bei dieser Arbeit noch redet und fragt und die Konzentration stört, das fehlte gerade noch. Da könnte die Kontrolle verloren gehen: »Wo habe ich schon geputzt? Habe ich die Wischtücher für innen und außen durcheinandergebracht?« Fensterputztag war für Sie ein schrecklicher Tag.

Wo ist nun das zweite schöne Bild geblieben? Da ist es: Mareijke steht auf dem Fensterbrett. Das Fenster ist weit offen. Innen und außen können sich ungehemmt austauschen. Ein Tuch, ein Eimer, ein Arbeitsgang. Wann je zuvor und je hernach hat eine Hausfrau solche Glücksgefühle beim Fensterputzen gehabt! Dort oben auf dem Fensterbrett steht keine Hausfrau. Dort steht eine Königin. Ihr Zepter ist der *eine* Putzlappen, den taucht sie in den *einen* Eimer mit Wasser. Keine Trennung mehr beim Fensterputzen! Keine Ausgrenzung mehr bei den Menschen!

Haben Sie das nicht prima gemacht, Mareijke?!

*Liebe Grüße, Ihre Ulrike S.*

*Lieber Herr Moll!*

Ich glaube, niemand in unsrer ganzen Stadt ist in diesem Moment so erleichtert wie ich. Weshalb? Ich erkläre es Ihnen!

Sie hatten zunächst beim Therapeuten Gesprächsstunden. Das war der Beginn Ihrer Therapie. Für Sie war das sicher eine große Erleichterung, nach der Zeit der Zwanghaftigkeit mit jemandem reden zu können, der Sie versteht. Auch die Art und Weise der Therapie wurde Ihnen in diesen Gesprächsstunden vorsichtig erklärt. Dann haben wir uns kennengelernt.

Zwei Stunden intensives Besprechen hielten wir ab, dann noch einmal eine Stunde. Wir sollten uns ja kennenlernen. Schließlich gab es ein drittes Treffen. Das war heute. Treffpunkt Kaffeehaus (das war schon schwer für Sie). Dann Heimweg, in Richtung Ihrer Wohnung. Habe ich Sie dazu überredet, mich mit einem Fuß in Ihre Wohnung eintreten zu lassen?

Der Zugriff auf das gehütete Territorium ist in der Therapie eine heikle Sache. Nein, nein! Ich habe Sie nicht bedrängt, das mache ich ganz ungern! Es war so: Sie selbst haben gemeint: »Irgendwann muß es ja doch sein. Bringen wir's hinter uns!«

Ich bin, wie versprochen, im Vorraum stehengeblieben. Im Mantel, mit umgehängter Handtasche, frei stehend, ohne Anlehnen an der Wand. Grade so einladend gemütlich, wie auf dem Bahnsteig am Bahnhof . . .

Ich war einmal bei einer Patientin, da durften wir beim ersten Hausbesuch noch ein bißchen mutiger sein. Das hatte sich so abgespielt: Ich mußte auch im Vorhaus stehenbleiben, wie ein Pilz im Wald. Sie hat mich aus dem Mantel geschält und diesen an der Garderobe aufgehängt. »Stehenbleiben!« rief sie und achtete streng drauf, ob ich wohl folgsam war. Dann hat sie mir die Schuhe aufgeschnürt, mich in Besucherpatschen »neu« gesteckt, mir die Handtasche abgenommen, auch diese irgendwo »gesichert« verstaut. Wir beide haben die Hände gewaschen. Dann wurde mir in der Küche ein Eckplatz zugewiesen, den ich während des langen Gesprächs nicht mehr verlassen durfte. Klingt despotisch, oder? Und doch war das für die arme Frau eine heldenhafte Leistung. Ich war ihr erster Gast seit Jahren. Ihre Kinder haben mich angeschaut, als ob ich vom Mond käme! Sie haben sich, im Gegensatz zur noch ängstlichen Mutter, gleich auf den nächsten Hausbesuch gefreut. Endlich wieder Besuch in der Wohnung!

Bei den Kindern der Patienten und Patientinnen bin ich überhaupt recht beliebt. Ich bringe zwar keine Gastgeschenke im üblichen Sinn mit (höchstens mal einen »gesunden« Traubenzuckerlutscher). Meine Geschenke an sie sind anderer Natur: Sie dürfen auf die Sitzecke klettern, dürfen die Jogginghose von draußen anbehalten, mit ungewaschenen Fingern die Teigschüssel auslecken; sie können zur Tür laufen, wenn's läutet; beim Therapieausflug ins Kaufhaus mitkommen; Bahnfahren statt Autofahren und so manches mehr dürfen sie. Auch all dies geschieht natürlich »Schritt für Schritt« und mit dem – meist seufzend gegebenen! – Einverständnis der Mutter oder des Vaters. Es ist regelrechte Therapie für Kinder und Patient, wenn die Kleinen in Kleidern »von draußen« in ihren Betten herumhüpfen dürfen. Irgendwann, so versprechen wir ihnen, dürften sie sogar einen Freund zum Spielen mitbringen. Etwas dürfen sie auch: hemmungslos Fernsehen am Ende des Hausbesuchs. Die Mutter, der Vater bemerken das gar nicht. Jetzt ist große Besprechung: Wie geht's – alleingelassen – weiter? Wie werde ich mich »richtig« verhalten, wenn der hilfreiche Plagegeist wieder weggegangen ist? Telefonnummern werden ausgetauscht.

Ich bin vom Thema abgekommen, Herr Moll. Kehren wir zu Ihnen zurück! Ihre Übung sah so aus:

Ich bleibe also stehen; Sie setzen sich in Ihre Sitzecke, ohne Kleiderwechsel, ohne Händewaschen. Es ist sehr schwer, denn wir kamen »von draußen«.

Wie Sie sich fühlen? Das brauche ich gar nicht zu fragen. Erstens machen Sie wieder Ihr eindeutig ernstes Gesicht. Zweitens werden das wohl die gleichen Gefühle sein, die *ich* hatte, als mein Therapeut – seinerzeit der Hausbesuch – in meiner Sitzecke saß. Ich gegenüber, ebenso »dreckig« wie dieser. Totales Chaos im Kopf, verwirrt, ohne Vorstellung, wie das nun weitergehen soll.

Nun bin ich also daheim und warte auf den ausgemachten Anruf. Ich mache mir Vorwürfe: Ging es zu schnell für Herrn Moll? Warum habe ich ihm nicht mehr Zeit gelassen? Hatte er schon das nötige Vertrauen zu dir? Wenn *der* nur durchhält! Was er wohl gerade tut? Putzt er, oder steht er unter der Dusche? Wünscht er mich zum Teufel, oder ist er verzagt? Warum kommt kein Anruf?

Mein Miteinfühlenkönnen ist von Vorteil und von Nachteil. Nachteilig deshalb, weil ich so sehr miterlebe, was ich von den Zwangskranken beim Üben verlange.

Endlich! Ich könnte das Telefon umarmen! Sie haben durchgehalten. Ihre Stimme sollte männlich gelassen klingen, aber ich höre schon heraus, daß Sie mächtig stolz drauf sind, durchgehalten zu haben. Mit den Männern in der Therapie ist es nicht so einfach. Die männliche Eitelkeit stört die erforderliche »Demut« in der Therapie. In der Therapie muß der Erkrankte einsehen, daß er sich leiten lassen muß; daß er Dinge wieder erlernen muß, die womöglich einem Kind Selbstverständlichkeit sind. Er muß sich in Fragen der Therapie unterordnen können. Er muß einsehen können, daß er an einer *Krankheit* leidet, bei der er Hilfe braucht. Demut hat mit Unterwürfigkeit nichts zu tun.

Nun also bin ich erleichtert! Jetzt werde ich schon wieder keck: »Zur Belohnung werde ich Sie morgen wieder mit einem Hausbesuch beglücken!« Ihre Begeisterung für diese »Belohnung« ist mäßig (aber auch ich kann zäh sein, sonst könnte ich nie Zwänge-Kotherapeutin sein). Heute werde ich gut schlafen, ganz bestimmt! Sie vielleicht weniger, aber das kommt schon noch!

Werfen Sie einen versöhnlichen Blick auf ihre veränderte Wohnung. Es ist nichts passiert, was Sie rückgängig machen müßten. Um diese Einsicht zu bekommen, brauchen Sie in nächster Zeit Übung, gute Gedanken dazu, Vertrauen zu Ihren Helfern und wachsendes Selbstvertrauen!

Es ist spät geworden.

*Gute Nacht! Ihre Ulrike S.*

*Liebe Betroffene!*

Habe ich überhaupt schon erwähnt, was Herr Moll zwanghaft so sehr fürchtet? Es sind die Ausscheidungen anderer und daher auch das Berühren anderer. Bei ihm spielt Ekel weniger Rolle als die Angst vor Erkrankung. Erkrankung fürchtet er auch über Ernährung und vieles mehr. Dabei nehmen die Befürchtungen Ausmaße an wie: »Bin ich an der Injektionsspritze auf dem Boden unterm Abfalleimer mit dem Schuh gestreift oder nicht? Wie oft muß ich einen Aids-Test wiederholen, um dem Ergebnis trauen zu können? Was mache ich mit Marmelade mit Ablaufdatum vom heutigen Tag?« und vieles mehr.

*Ihre Ulrike S.*

*Lieber Herr Moll!*

Sie argumentieren so: »Wenn Freunde von mir auf der Straße einen Blutfleck sehen, ein gebrauchtes Pflaster oder sonst etwas, was bei mir den Zwang aktiviert, dann schauen sie einfach weg, und schon haben sie vergessen, was einem so an Unappetitlichkeiten und Gefährlichem unterwegs begegnen kann. Ich möchte auch wegschauen dürfen, am liebsten möchte ich überhaupt nicht auf die Straße schauen müssen, dann kann ich im Ungewissen bleiben, was da unten herumliegt. Dann kann ich mir sagen: Da wird schon nichts gewesen sein; nichts, was mich zwanghaft beunruhigen müßte.«

Die Freunde, lieber Herr Moll, dürfen das. Die müssen sich mit keinem Zwang herumschlagen. Sicher, das Nichtwissenwollen und das Nichtwissenmüssen ist auch eine der Möglichkeiten in der Therapie. »Was ich nicht weiß, macht mich nicht heiß!

Aber das ist nur *eine* der Möglichkeiten. Zu Beginn der Therapie sollte sie auch gar nicht zu oft angewendet werden. Das Wegschauen kann sehr zum Vermeiden werden. Das haben Sie ja in der Zeit vor der Therapie praktiziert. Ein richtiger Wegschaukünstler sind Sie geworden. Was ist Ihnen anderes übriggeblieben! »Was ich nicht sehe, hat nicht stattgefunden. Was *ich* nicht gemacht habe, das ist korrekt.«

Nehmen wir einen Geldschein her, da kann ich sehr gut mitreden, das war mein Feind Nummer eins. Sie können sagen: »Das ist ein Geldschein und sonst gar nichts. Mir ist jeder recht.« Sie dürfen aber auch zugeben, daß auf einem Geldschein schon wirklich alles drauf sein kann, was einem in der Welt über den Weg läuft. Sie dürfen milden Ekel empfinden. In manchen Situationen dürfen Sie auch »pfui grausig!« sagen. Das kann sogar befreiend wirken. Aber Angst davor kommt vom Zwang und die Lebenseinschränkung ebenso.

Wenn Sie Ihre Wohnung anschauen, dann können Sie genauso vorgehen. Sie können überlegen: »Das ist meine Wohnung, sie ist groß genug oder bald zu klein; sie kommt mir ordentlich vor, oder ein neuer Anstrich würde ihr nicht schaden.«

Sie können aber auch Übungsgedanken zulassen. Sie dürfen sich vorstellen: »Das ist meine Wohnung. Unterm Teppich, in der Schublade im Schlafzimmer, im letzten Winkel der Rumpelkammer, auf dem Küchentisch ist ein Hauch, eine Spur von dem, was ich zwanghaft fürchte.« Sie dürfen sich das sogar wünschen: »Ich möchte, daß ...« Da sagen Sie Ja zu dem, was Sie früher so erschreckt hatte, *und das ist das letzte, das der Zwang mag!* Herholen, dann geht »es« mit der Zeit weg! Passieren tut rein gar nichts, dem zu vertrauen lernt man in der Therapie.

Und glauben Sie ja nicht, daß das Vorhandensein »von einem bißl« vor der Therapie in Ihrer gehüteten Wohnung (oder sonstwo) anders war. Hundertprozentig »frei von etwas«, das gibt es in dieser Welt nicht. Da müßten Sie schon auf den Mond auswandern, und da waren auch schon Menschen mit allem drum und dran! Da würden Sie Unerreichbarem nachjagen. Doch das bräuchten Sie gar nicht, das wäre nur für den Zwang, nicht für Ihr Wohl!

So ist das mit dem »Wegschauen«!

*Ihre Ulrike S.*

*Lieber Herr Moll!*

Ich glaube, jetzt, nach dem Anruf, freue ich mich mehr über Sie, als Sie selbst es schon können. Vielleicht können Sie noch gar nicht so richtig einschätzen, was Sie heute geleistet haben.

Wir hatten den ersten Einkauf mit Übungsverhalten hinter uns. Sie waren durcheinander, weil so vieles heute anders laufen mußte als bisher.

»Wie geht es Ihnen«, habe ich Sie gefragt.

Ihre Antwort: »Ich stehe *neben* mir.«

Das hat wohl den Nagel auf den Kopf getroffen. Mit sich eins ist man nicht, wenn so eine Therapie ihren Anfang nimmt. Da stehen zwei verwurschtelte Wesen nebeneinander, und das eine weiß nicht, was es mit dem andern anfangen soll. Die zwei widersprechen sich ständig und machen sich gegenseitig das Leben schwer.

Vielleicht können Sie im Durcheinander Ihrer Therapiegefühle gar nicht erraten, was mich so überzeugt hat, daß Sie wieder gesund werden können. Sie haben gestern, »verdreckt«, wie Sie und Ihre Einkäufe waren, *freiwillig und aus sich heraus* die Papiertragetasche aus dem Lebensmittelgeschäft zusammengefaltet und verwahrt mit den Worten: »Das ist die erste Tragetasche, die ich nicht gleich wegwerfe, sondern wiederverwende.« Sie haben diese in den Küchenkasten gesteckt, zu all den anderen (sauberen!) Sachen, und tief Luft geholt.

Da war eine äußerst erfreuliche Mischung aus Selbstvertrauen, aus Vertrauen zur Therapie, aus Erfolgserlebnis und wieder beginnender Lebensfreude in diesem kleinen Schritt. Wenn ich so etwas erlebe, dann kann ich mich ungeheuer wohl fühlen!

*Ihre Ulrike S.*

*Liebe Betroffene!*

Wenn ich an den Herrn Moll denke, so macht sich bei mir – rückblickend – ein Gefühl der Zufriedenheit breit. Nicht, daß es keine Schwierigkeiten gegeben hätte. Sogar ans Therapieabbrechen hatte Herr Moll einmal für zwei Minuten gedacht. Eine Zeitlang war er übervorsichtig und zögerlich beim Üben. Da war er gedrückt und allzu ängstlich. Damals hatte er seine Abneigung gegen medikamentöse Hilfe abgelegt und sich auch auf diese Weise vom Therapeuten unterstützen lassen. Das hatte ihm gut getan!

Mit Herrn Moll war die Zusammenarbeit besonders gut, erfolgreich und fast wie im Büchl. Herr Moll hatte einen ganz großen Vorteil für einen erfolgreichen Therapieausgang: Er war, obwohl seine Zwangserkrankung noch gar nicht so lang gedauert hatte, sehr bald in Behandlung gegangen. Er hatte gemerkt, daß seine merkwürdigen Symptome nicht wieder verschwanden, so wie er gehofft hatte. Im Gegenteil, alles wurde enger.

Auch sonst hatte er gute Voraussetzungen, die Zwänge loszukriegen. In der Therapie war er kooperativ. Er hatte eigene Ideen, war pünktlich und verläßlich. Beim Üben war er recht dezidiert, das heißt, wenn ihm etwas nicht machbar schien, dann ließ er keinen Zweifel darüber aufkommen, daß ihm dieser Schritt im Moment zu schwierig war.

»Nächstes Mal«, hat er mit einer Zwangspatienten nicht unbedingt eigenen Sicherheit gesagt. Nächstes Mal, da war er dann drauf gefaßt, da haben wir die Sache hinter uns gebracht. Wenn es brenzlig für ihn wurde, bekam er einen sehr ernsten Gesichtsausdruck, der keiner Worte bedurfte. Dieser bedeutete: »Frau S., ich warne Sie, es reicht.« Da brauchte es keine Frage nach dem Grad der Anspannung. (Aber diese »Messung« von Angst oder Anspannung mag ich ohnedies nicht.)

Solche heiklen Situationen sind mir nicht fremd. Doch für gewöhnlich kann ich mich mit List und eigener Überzeugung vorsichtig durchsetzen und den nächsten Schritt doch möglich machen. Nicht bei Herrn Moll, der war auch hier konsequent.

Das Ende der Therapie verlief, wie ich es gern mag: eine Wunschliste von Herrn Moll für die letzten Stunden, da wollte er noch einmal zu zweit das Schwierigste wiederholen. Dann Abschied und ein Dankeschön für alles.

Herr Moll – ein »Musterschüler«? So weit das in dieser sehr, sehr schwierigen Therapie überhaupt möglich ist, mit Einschränkungen: Ja. Aber auch er hat mir oft sehr leid getan, weil er es schwer hatte. Was dann so erfreulich herausgekommen ist, das war ein fröhlicher junger Mann mit gutem Humor und einigem Schalk im Nacken. Ich werde kaum noch von ihm hören, das steht ihm zu. Ich denke, er möchte möglichst wenig an einen sehr schweren Abschnitt in seinem Leben erinnert werden.

Ich wünsche ihm alles Gute, das weiß er auch so.

*Ulrike S.*

*Liebe Sonja!*

Sie sind immer tipptopp beieinander. Schuhe, Kleidung, Frisur, alles perfekt. Nur die Papiertragetasche kommt mir verdächtig vor. Soll die Ihre Handtasche ersetzen? Hat das mit leichter Wegwerfenkönnen zu tun? Im Fall von Verschmutzung?

Hören Sie aus meiner Therapie:

»Eine Dame trägt die Handtasche immer bei sich!« Klingt nach Knigge! Für meinen Therapeuten war diese Empfehlung aber keine Frage von Mode und Benimm, sondern ganz einfach Schlauheit! Wenn ich seine Anleitung zum Handtaschengebrauch verdeutschen darf, so heißt das: »Der Waschzwang geht niemals auf die Toilette, ohne seine Handtasche mitzunehmen und mit dieser an allem Möglichen anzustreifen. Wenn sich im WC kein Haken befindet, um die Handtasche aufzuhängen, dann bietet sich die Klinke der Toilette an.«

So war das gemeint, da bin ich mir sicher. Also, liebe Sonja, jetzt wissen Sie, was zu geschehen hat!

*Ihre Ulrike S.*

*Liebe Sonja!*

Herzlichen Dank für Ihre nette Karte! Ich habe gedacht, Sie hätten mich schon ganz vergessen!

Versprechen Sie mir eines: Wenn Sie beim Händewaschen wieder in verdächtige Nähe der Ellenbogen geraten, dann rufen Sie mich an! Dann ist ein »auffrischendes« Gespräch über zu sehr erfrischte Hände fällig!

*Ihre Ulrike S.*

*Liebe Frau de Bruin!*

Meinen ersten Brief, auf dem Computer geschrieben, den bekommen *Sie*. Ich weiß, daß Sie zwangsweise eigentlich nichts Feeeeehlerhaftes, Kaputtes, Zerrissenes, Weggeworfenes, Beschädigtes oder Mangelhaftes mögen. Ich werde diesen Ihren Anspruch bei meinem Kampf mit der Technik nicht erfüllen können. Aber ich weiß auch, daß Sie Relatives und nicht Hundertprozentiges an Menschen, die Sie gern haben, eher tolerieren. Daß Sie mich zu diesen zählen, das weiß ich, und das freut mich.

Ihre Schwierigkeiten mit den Menschen sind groß. Ihre Schwierigkeiten *mit sich selbst* sind es ebenso. Gewisse Menschen (und leider auch Sie selbst) können Dinge »schlecht« machen. Das geht über das Berühren, über die Ausscheidungen. Das kommt mir bekannt vor, das ist mir nicht fremd.

*Meine* Dinge waren nicht gut oder schlecht, sondern sauber oder schmutzig (also doch wieder gut oder schlecht!). Auch Sympathie und Ablehnung haben dabei eine Rolle gespielt. Ich selbst hatte auf diese Eigenschaften der Dinge allerdings keinen Einfluß. Das heißt, mit meinen eigenen Ausscheidungen hatte ich keine zwanghaften Probleme. Meine eigenen Ausscheidungen konnten Dinge nicht zwanghaft ekelig machen.

Nun glauben Sie, daß *Sie persönlich,* Frau de Bruin, auf Dinge negative Ausstrahlung haben können. Was Sie berührt haben, kann schlecht sein, sagen Sie. Durch Waschen möchten Sie die Dinge wieder »gut« machen. Das habe ich doch richtig verstanden, nicht wahr? Aber das Waschen bringt Ihnen oft keine Erleichterung. Ich war betroffen, als Sie mir den Grund dafür nannten. Ihre Hände würden durch Berührung die Dinge »schlecht« machen. Beim Waschen braucht man die Hände; also hat für Sie das Waschen nicht viel Sinn. Zwangsmäßig bleiben die von Ihnen gewaschenen Dinge »schmutzig«. Ein Waschzwang vom Wollen her, bei dem das Waschen aber wenig bringt. Ist das nicht eine hundsgemeine Krankheit, Frau de Bruin? Soviel ausgefeilte Raffinesse steckt oft in den Symptomen Zwangskranker. Und so einsam leidet man vor sich hin!

Wie sieht Ihr Leben aus, in dem Dinge »verwunschen« (= schlecht) werden (so nannten sie das selbst), durch Sie selbst oder durch andere? Leider wie so oft in dieser Krankheit: Möglichst daheim bleiben, möglichst wenig anfassen.

Kein Basteln, obwohl Sie das so gern tun würden, denn die Dinge sind verdächtig; kein ach so ersehnter Hund, denn er hat seine Schnauze überall; keine Freundin, denn die will herein. Dafür aber Wäsche waschen, Kinder baden, Dinge wegwerfen, Gekauftes, weil »verdächtig«, wieder umtauschen und so weiter.

Etwas ist für Sie wichtig, und das stelle ich mir wahnsinnig anstrengend vor: Sie müssen stets freundlich sein, immer lächeln. Denn, so sagen Sie sich: Wer lächelt, der wirkt lieb und kann nichts Schlechtes ausstrahlen. Solches »Wohlverhalten« kann Ihr eigenes Ich davon überzeugen, daß Sie gut sind und auf Dinge keinen schlechten Einfluß haben können.

All das spielt sich seit Jahren ab. Wenn Sie nur wütend sein könnten. Nein, sagen Sie, das dürfen Sie nicht. Sie suchen Sinn im Leid. Ach, Frau de Bruin, platzen Sie lieber vor Zorn auf die,

die zu Ihrer Erkrankung mit beigetragen haben! Das wäre ehrlicher und gut für Ihre Haltung in der Therapie. Lieber aufrichtiger Zorn als Depression und Zwang.

Mein Respekt gegenüber Eltern – sie tun meist, was sie können und wozu sie imstande sind. Aber wenn ein Patient nur noch Zwänge hat, wenn er sich dem Heimatort nähert (das habe ich bei einer Frau beobachtet), dann gibt das schon zu denken.

Ich selbst finde es jedenfalls schlichtweg befreiend, wenn ich auch mal miese Laune zeigen kann, womöglich noch mit einem deftigen Wort auf den Lippen. Ich möchte zornig sein dürfen und Unverschämtheit anderer mit eigener Frechheit quittieren können, ohne ein schlechtes Gewissen zu haben. So ein Verhalten täte Ihnen gut, Frau de Bruin; das wirkte befreiend für Sie in Ihrer permanenten Freundlichkeit. Es gehört zur Therapie, ein gewisses Maß an Wehrhaftigkeit zu erlernen.

Nun Schluß damit! Jetzt gibt es Hilfe. Sie sind nicht mehr allein. Sie haben Gesprächstherapie. Unter anderem auch, um mit sich und den Menschen besser zurechtzukommen. Die erste Zeit der Therapie kommen wir zu dritt zusammen. Da können wir Hilfreiches aus der Therapiestunde für uns zwei in die Kotherapie mit hineinnehmen.

Wir probieren die üblichen Berührungsübungen, Sie lernen, daß zwanghaft »Gutes« und zwanghaft »Schlechtes« sich nicht aus dem Weg zu gehen brauchen.

»Stellen Sie sich vor, Sie würden die Dinge, die Sie berühren, vergolden!«, so der Gedanke des Therapeuten, um Ihnen das Versöhnen mit sich selbst näher zu bringen.

Wir haben noch eine andere Möglichkeit versucht, um mit den Dingen besser zu Rande zu kommen. Es ist ein Lernen, das ich auch mit anderen Berührungszwängen probiere. Ich sage: »Besetzen Sie die Dinge nicht immer mit dem Zwang! Sie können so üben, daß Sie sagen: ›Ja, das ist ein Stuhl. Da saß jemand drauf, der im Krankenhaus arbeitet. Vielleicht hat er zwei Moleküle Blut auf dem Sessel zurückgelassen.‹ Oder: ›Ja, da ist eine Rechnung vom Installateur. Es könnte sein, daß ich ihm noch zehn Schilling schuldig bin.‹ Oder: ›Nun, das sind Zitronen. Für gewöhnlich werden diese gespritzt.‹«

Jetzt haben Sie sich beim Üben konfrontiert, das heißt, Sie haben Ihr Zwangsproblem bewußt mit hineingenommen.

Aber Sie können zur Abwechslung auch einmal so üben: »Gib Ruh', du blöder Zwang. Ein Stuhl ist ein Stuhl und sonst gar nichts. Eine Rechnung ist eine Rechnung, die abgebucht wurde, und sonst gar nichts. Ich lasse mir nicht alles vom Zwang besetzen. Der Zwang muß nicht überall seine Nase hineinstecken!«

Für uns gilt das Immer-wieder-anders-Üben: Mal konfrontieren, mal links liegenlassen, mal mit Freundlichkeit, mal mit Ärger, mal mit Eile, mal ganz gemächlich, mal ausrasten und sich selbst verwöhnen und sich selbst loben und dann wieder sehr fleißig Therapiemachen.

*Es grüßt Sie Ihre Ulrike S.*

*Liebe Frau de Bruin!*

Sie wollen mit mir nicht dauernd über Ihre Krankheit sprechen. Nun gut, wir sollen ja auch ausrasten!

Dürfte ich Sie wieder mit einer Enkelkindgeschichte belästigen? Wem sonst von den von mir Betreuten könnte ich so gut in den Ohren liegen mit den Erzählungen von meinem eigentlich unbeschreiblichen Schatz?

Es war wieder ein Wochenende fällig; der ganze Troß zieht ein mit Bodies und Pampers, als ob man die Absicht hätte, sich bei uns bedrohlich lang einzuquartieren. Ich will nicht zu ausführlich werden, ich bin nur froh, daß *er* jetzt nächtens nach der *Mama* verlangt. *Die* bin ich *nicht*, also kann ich abgeben und wieder schlafen gehen.

Jetzt aber zur Sache: Wir zwei gehen in die Stadt, recht lange. Da ist es zwar auch nicht ruhig, dafür gibt es hier weniger Familie. Das heißt, ich kann mit dem Schatzele tun, was *ich* will. Wir sind mit dem Kinderwagen unterwegs.

Erst überlege ich hin und her: Kann ich das? Finde ich mich zurecht? Wäre doch der Kinderwagen nicht, dieses sperrige Ding! Ich sehe: Die anderen Kinderwägen stehen hinten, aber wie komme ich dann, mit dem Kind auf dem Arm, nach vorn zum Fahrscheinlösen? Ich weiß, was ich tu! Ich frage das Kind, ob es *Straßenbahn fahren* will, dann komme ich nicht mehr drum herum, dann muß ich hinein. So viele Straßenbahnen haben wir nun schon gesehen, noch nie sind wir gefahren. Morgen fliegt er mit dem Jumbo weit weg, in den Urlaub mit Mama und Papa. Es heißt, er schlafe im Flugzeug immer ein. Das wird in der Straßenbahn nicht passieren, das weiß ich.

Ja, ja, Frau de Bruin. Die Straßenbahn hat auch Wehmütiges für mich. Sie erinnert an die Zwanghafte, die den eigenen Kindern so etwas nicht mehr bieten konnte. Auch an die Übende, als sie endlich wieder in einer Straßenbahn sitzen konnte und beobachten mußte, was alles sie versäumt hatte. Ist das jetzt ein Ausgleich, ein Wiedergutmachen am Enkelkind?

Nein, ist es nicht. Es ist ein Abenteuer für zwei. Wir schliefen zusammen auf dem Sitz, ich halte den Burschen ganz eng, weil es so fein ist, zu zweit zu erleben. Ich erlebe ihn und seine Nähe und meine Gesundheit und er erlebt, einfach das. Bei der Endstation steigen alle aus – wir nicht. Wir haben zwei Waggons für uns ganz allein. Zum Kennenlernen und zum Erforschen und zum Modellernen. Es gibt nichts, was er *nicht* anfaßt! Morgen muß ich in die Stadt gehen, ein Straßenbahnbuch kaufen.

Was sagen Sie? Er hätte doch schon vorgestern ein Baustellenbuch bekommen. Ich weiß, ich weiß!

*Liebe Grüße, Ihre Ulrike S.*

*Liebe Frau de Bruin!*

Hier meldet sich eine völlig erschöpfte Oma! Habe ich einmal versucht, Ihnen Aussichten auf Omafreuden schmackhaft zu machen? Das war unüberlegt von mir. Die letzten vier Tage waren derart, daß ich erst seit zweieinhalb Stunden wieder durchatmen kann. Und diese endlich ruhige Zeit benütze ich, um Ihnen zu schreiben. Sie möchten gern Post von mir, also hören Sie.

Bitte, liebe Frau de Bruin, sagen Sie mir eines: Durften seinerzeit, als Ihre Krabbelkinder noch klein waren, diese auch durch die ganze Wohnung? Sahen Ihre Wohnräume auch aus, als ob die wilde Jagd durchgeritten sei? Haben Sie auch beim Duschen am Abend einen Silberlöffel in der Badewanne gefunden? War die Eiscreme in der Stadt, trotz der angebotenen zehn Sorten, auch nicht entsprechend, weil *gerade der einen* winzig kleine Nußpartikelchen beigemischt waren?

Das alles wäre ein Klacks, wenn ich in Eigenverantwortung und Eigenregie hätte handeln dürfen. Beim Weggehen und bereits in der Gasse unterwegs, werde ich noch durch Nachrufen befragt, ob ich das Wasser, den Schnuller, die Kappe gegen die Sonne, das Stirnband im Fall von Wind, Zwieback für plötzlich aufkommenden Hunger mithabe (obwohl er eigentlich viel lieber ein frisches Buttercroissant mag, heißt es – also Geldtasche auch nicht vergessen); ob ich, wenn ich heimkomme, bereit und fähig sei, die Flasche zu richten (7,5 Meßlöffel plus 220ml Wasser), das Kind zu wickeln (einen Pamperswickelkurs habe ich bereits einigermaßen zufriedenstellend absolviert), das Babyphone nicht zu vergessen (auch einen Babyphone-Benützungskurs habe ich hinter mir: »Hast du das verstanden, Mama?«).

Ich habe das verstanden, aber in den frühen Morgenstunden, da stelle ich mich schwerhörig, denn: Der Oma reicht es. Die Oma muß schlafen, weil am nächsten Tag: siehe oben!

Aber irgendwann einmal zieht die Bande wieder aus und die Ordnung ein. Ich sitze am Computer, den mein kleiner Schatz so gern zum Spielen möchte. Nun, was ist jetzt? Das darf wohl nicht wahr sein! Der kleine Bursche fehlt mir ja jetzt schon! Drei Stunden nach dem ersten erleichterten Aufatmen. Mir scheint, mir ist nicht zu helfen!

Ich habe einst gefürchtet, eine zwanghafte Oma zu werden. Eine Oma, die zu nichts imstande ist; mit dem Putzlappen in der Hand und dem Fuß in der Tür, damit niemand hereinkommt. Mir scheint, jetzt bin ich eine närrische Oma geworden!

*Ich grüße Sie recht herzlich, Ihre Ulrike S.*

*Liebe Betroffene!*

In meinem Kopf geistert eine an Waschzwang erkrankte Frau herum, da habe ich mir immer wieder einmal während des Schreibens gedacht: In ein paar Zeilen möchte ich auch über diese Patientin berichten. Vielleicht finden sich manche von Ihnen in ihrem Symptom wieder.

Zunächst begann die Zwanghaftigkeit ganz wie »üblich«, es handelte sich hier um ein ausgeprägtes Verantwortungsbedürfnis von Frau Inge, ihre Lieben vor einer »Viruserkrankung« zu schützen. Viel wurde von der Patientin in Büchern nachgelesen, Fachleute wurden befragt, es war ein steiniger Weg, den die Frau gehen mußte, bis sie davon überzeugt war: Die Krankheit ist gar nicht ansteckend.

Erleichterung? Leider nein! Die Angst hatte über so viele Jahre angedauert, das zwanghafte Vermeindungsverhalten hatte sich so eingegraben, hatte so viel im Leben von Frau Inge mit zwanghafter Besorgnis besetzt – jetzt konnte sie nicht »vernünftigerweise« loslassen. Jetzt blieb die Angst, und Frau Inge ärgerte sich noch über sich selbst, schalt sich »dumm«, weil sie diese Besorgnis nicht ablegen konnte und nun vor etwas »Abstraktem« Angst hatte. Sie wußte nicht mehr, was sie eigentlich zwanghaft wegwaschen und desinfizieren mußte. Sie hatte das Gefühl, gegen Windmühlenflügel zu kämpfen.

Mit folgender Erklärung war der Frau dann immerhin soweit geholfen, daß sie ihr Vermeidungsverhalten einigermaßen verstehen konnte:

»Ihre Befürchtung, liebe Frau Inge, ist ein *unguter Stempel*, mehr ist das wirklich nicht, auch wenn Sie noch Schwierigkeiten haben, diese Tatsache für sich in Anspruch nehmen zu dürfen. Diesen angstauslösenden Stempel hat der Zwang durch widrige Umstände (wie das Aufwachsen daheim, Erlebnisse, Unsicherheit, rigide Vorstellungen, die eigene Verantwortung betreffend, lange Dauer der Zwangserkrankung ...) vielen Dingen und Menschen aufgedrückt. Wir wollen Ihnen helfen, diesen Stempel wieder wegzunehmen.«

Ein unguter Stempel – das leuchtet Frau Inge ein. Das gefürchtete »Kind« hat wieder einen Namen bekommen.

*Liebe Grüße, Ihre Ulrike S.*

## Liebe Zwangsleidende!

Wenn ich von der Zwangsangst der Frau Falter spreche, dann müssen Sie sich nicht wundern. Sie müssen auch nicht erschrecken, daß es so etwas Komisches gibt. Die Steck-, Näh- und sonstigen Nadeln stehen bei Frau Falter für das, was viele von Ihnen ohnedies kennen. Es ist das wenig Auffällige, schwer kontrollierbar Kleine, das, was der Aufmerksamkeit und Kontrolle leicht entgeht. Der Zwang aber sagt: Das darf nicht sein! Sei vorsichtig! Sei verantwortungsvoll! Du darfst das nicht übersehen! Denken Sie an den Staub, den viele Zwanghafte fürchten; wie schwierig kann es für Erkrankte sein, mit diesen kleinen Staubpartikelchen fertig zu werden. Für Frau Falter sind diese kleinen Partikelchen eben nicht Staub oder Schmutzspuren oder winzige Flecken (oder vielleicht auch kleine Spritzer auf der »weißen Weste«) und so weiter, sondern ganz einfach Nadeln. So denke ich, daß viele von Ihnen Ihr spezielles Problem an die Stelle von Frau Falters Nadeln setzen können. Die Nadeln sind eben hier der Platzhalter für das, was die Unsicherheitskrankheit schafft: Riesenprobleme mit eigentlich Harmlosem. Je schwieriger wahrnehmbar, um so größer oft die Unsicherheit.

So dürfen Sie ruhig von Frau Falter hören und vielleicht Hilfreiches für sich selbst rausholen.

*Ihre Ulrike S.*

*Liebe Frau Falter!*

Sie wissen, daß der Therapeut die Zwänge nach dem benennt, was vom jeweiligen Patienten gefürchtet wird. Sie, Frau Falter, sind also *ein Nadelzwang.* Über Waschen und Kontrollieren suchen Sie ein Leben ohne Nadeln. Wenn Sie sicher sind, daß es in Ihrer Wohnung keine Nadeln gibt, dann fühlen Sie sich wohl. Weil Sie diese Sicherheit selten genießen dürfen, fühlen Sie sich sehr oft schlecht.

»Wieso Nadeln«, fragen manche, wenn Sie von Ihrem Leiden erzählen. »Nadeln würden mir nichts ausmachen.«

Es ist doch egal, *was* es ist. Nadeln, Glasscherben oder Strahlung, Schuld, Überverantwortung, Schmutz, Batteriesäure, Geld, Unordnung, Gefahr ... Die *Einstellung* dazu ist fatal. Die Folgen sind meist schlimm.

Ihre ganz großen Feinde unter den Nadeln, Frau Falter, das sind die Stecknadeln mit den kleinen unscheinbaren Köpfchen. Der Zwang mag alles Kleine, Unscheinbare, all das, was man leicht übersieht. Diese kleinen Stecknadeln also machen die Kontrolle für Sie so schwer. Geradezu eine Erleichterung sind für Sie die Nadeln mit den bunten Glasköpfchen. Die sind auffälliger. Sie schauen in ihrer Verschiedenfarbigkeit nicht alle gleich aus.

Ihr Bedürfnis nach Kontrolle, Frau Falter, ist immens. Wenn Sie wüßten, daß ich mit *genau zehn Nadeln* zum Hausbesuch komme, dann wäre das nicht so bedrohlich. Aber die Wahrscheinlichkeit, daß *eine* Nadel *irgendwo* in der Wohnung herumliegt, die bringt Sie in große Aufregung.

Sie fürchten nicht, eine Nadel zu verschlucken und krank zu werden, sagen Sie. Was fürchten Sie dann? Was Sie darauf geantwortet hatten, das war für mich bisher das Skurrilste an Kontrollbedürfnis: »Ich möchte wissen, wo, an welcher Stelle im Darm sich die Nadel befindet.«

Beim Zwang gibt's nichts, was es nicht gibt!

Sie fürchten eigentlich auch nicht Schuld, weil irgendwer anders Ihre Nadeln verschlucken könnte. Gefängnis, sagen Sie, mache Ihnen nichts aus. Das glaube ich Ihnen zwar nicht ganz, aber Gefängnis würden Sie in Ihrer derzeitigen Verfassung wohl als das geringere Übel ansehen. So eine arge Zwangserkrankung ist für Sie Gefängnis genug! »Dann kommen Sie mich besuchen, und wir essen miteinander Brotsuppe«, haben Sie gescherzt. Zum Glück ist Ihnen noch Ihr Humor geblieben, trotz allem. Die Lust zum Lachen ist Ihnen noch nicht abhanden gekommen. Lachen und Weinen, das geht bei Ihnen kunterbunt durcheinander. Liebe Frau Falter, ich sag's, wie's ist: »Sie sind immer ein bißl überdrüber.« Das macht Ihre Munterkeit aus, aber auch das, was bei Ihnen Therapie so anstrengend macht.

»Ja, ja, Frau S.«, sagen Sie dann, »ich weiß schon, ich bin ›sehr emotional‹«.

So ist es auch, wenn Sie es schon selber sagen, und das ist eben eine der Ursachen, weshalb Therapie bei Ihnen so schwierig ist. Sie können mit dem, was Sie lernen, so schwer umgehen.

Sie können es so schwer annehmen. Wo andere im Zwang vielleicht ein paar Nadeln sehen oder vermuten, da ist es bei Ihnen gleich ein ganzer Haufen.Wo andere mit Hilfsgedanken umgehen können, da schwappen bei Ihnen die Gefühle über. Sie sehen eine Nadel in Ihrer Wohnung und sind gleich außer Rand und Band. Entsetzensschrei anstatt: »Na und? Was soll's? Die gehören nun einmal zum Leben!« (So wie Sie das eben lernen könnten.)

Das Üben mit Ihnen geht äußerst gefühlsstark vor sich. Sehr temperamentvolle Patienten sind bei Übungen aufregend. Da habe ich schon viel erlebt.

Ich habe einen Patienten betreut, auch einen emotional sehr ausgeprägten, der hat mitten in der Stadt laut aufgeschrien, wenn ihm der Zwang begegnet ist. Die Passanten nahmen lebhaft Anteil daran.

Eine andere lief mir einfach davon, wenn es für sie brenzlig wurde. Noch eine andere blieb stehen, stocksteif, nichts auf der Welt konnte sie dazu bewegen, weiterzugehen. Mitten auf der Kreuzung im Stadtverkehr gibt es einen ausgedehnten Stopp, da kann ich schieben und flehen – der Zwang ist doch stärker. Da strömen die Tränen, und gleich wird wieder fröhlich gelacht.

Ich denke, daß diese sehr starken Emotionen und Verhaltensweisen die Wirklichkeit überdecken wollen. Manchmal frage ich: »Ist Ihnen denn wirklich zum Lachen zumute?« Da wird das überfröhliche Gesicht meist ernst und nachdenklich.

Der Zwang braucht bei soviel Temperament seine eigene Therapie. Wenn Sie, liebe Frau Falter, die Nadeln glitzern sehen, als wäre Weihnachten, oder wenn Sie in Ihrem Hausgang einen Nadelberg sehen (ist angeblich bei Ihnen alles schon vorgekommen), dann wollen wir den Zwang ärgern. Nicht ausreden darf ich Ihnen die Übertreibungen, das würde gar nicht nützen, sondern noch verstärken.

»Steigen'S drüber über Ihren Nadelberg. Sie müssen nur aufpassen, daß Sie nicht stolpern!«

Da macht der Zwang ein langes Gesicht! Anstatt zu erschrecken, den Angeber auslachen, das ist gut.

Schreiben Sie sich auf Ihre Fahne: Ein Leben ohne Nadeln gibt es für mich nicht. Immer ein »Ja« zu den Nadeln! Laut und deutlich! Kein Kaffee ohne eine Prise Nadeln; kein neues Hemd für meinen Mann ohne Nadeln, sonst beklage ich mich bei der Verkäuferin. Ohne Nadeln schaut meine Katze richtig schmucklos aus. Sagen Sie immer »ja«, wenn die Nadeln da sind, und Sie werden sehen, daß sie verschwinden. Herholen, nicht wegwünschen! Der Zwang mag das nicht.

*Es grüßt Sie herzlich Ihre zerstochene Ulrike S.!*

*Liebe Frau Falter!*

Können Sie sich noch daran erinnern, wie ich Ihnen von den Märchen von Hans Christian Andersen erzählt habe? Da reden Dinge oft miteinander, als ob sie Menschen wären. Da wird es in der Nacht in der Küche lebhaft, weil Töpfe, Tassen, Küchentisch und Stühle miteinander ins Gespräch kommen.

Ganz wichtig hat es das Sparschwein auf dem Küchenschrank, weil es glaubt, etwas Besseres zu sein. Bis es eines Tages, nein, eines Nachts vor lauter Hochmut platzt und vom Schrank fällt. Aus ist es mit der Herrlichkeit – übrigbleiben die Scherben.

Ich habe diese Märchen früher sehr gern gelesen, und es kommt auch jetzt noch vor, daß ich immer wieder einmal aus den zwei Bänden, die ich besitze, ein Lieblingsmärchen herauskrame. Und tatsächlich habe ich heute eines gefunden, das ich Ihnen schicken möchte. Es ist nämlich die tragische Geschichte von einer Stopfnadel. Tragisch ist sie deshalb, weil die Stopfnadel glaubte, etwas Besseres zu sein. Sie dünkte sich so fein, daß sie sich einbildete, sie sei eine Nähnadel …

Die Geschichte konnte nur böse enden, mit der Stopfnadel ging es abwärts. Der letzte Satz im Märchen geht so: »… sie lag der Länge nach im Rinnstein – und da kann sie liegenbleiben.« Der letzte Satz ist für Sie, liebe Frau Falter, geschrieben. Andersen wußte, welchen Rat Sie brauchen: »Und da kann sie liegen bleiben.« Die eine Nadel oder auch die zwei oder drei irgendwo in Ihrer Wohnung. Je weniger Sie ein paar Nadeln bei sich daheim an Bedeutung zukommen lassen, um so bescheidener und unwichtiger werden sich Ihre »Mitbewohner« benehmen. Lassen Sie sie glänzen und blitzen, das ist alles nur Schein. Ob Nähnadel oder Stecknadel oder Stopfnadel – wir wissen, was dahintersteckt. Nichts, das Sie davon abhalten sollte so zu leben, wie *Sie* es wollen.

Wie wäre es mit einem »Und da kann sie liegenbleiben«, wenn Sie ab und zu in der Waschmaschine, auf dem Bügelbrett, beim Staubsaugen, beim Einkaufen, in der Geschirrspülmaschine, unterm Teppich ... einer Nadel begegnen?! Oder dies auch nur vermuten!

*Liebe Grüße, Ihre Ulrike S.*

*Liebe Frau Falter!*

Wenn mein Enkelkind da ist, Sie wissen schon, das brave, gescheite, dann spielt es am liebsten in der Küche. Die Laden gehen auf und zu, die Schubladen werden entleert, auch einräumen tut der Kleine wieder. Manchmal finde ich dann Legosteine bei den Löffeln und die Flaschenbürste in der Brotdose. Meine wichtigste Aufgabe besteht darin, drauf aufzupassen, daß der Bursche sich die Finger nicht einklemmt.

Weshalb ich Ihnen all das erzähle? Weil ich im Mixer eine Packung mit Nadeln gefunden habe. Brauchen Sie welche?!

*Ihre Ulrike S.*

## »Aber das ist doch nicht so üblich!«

*Liebe Betroffene!*

»Man wäscht sich doch vor dem Essen die Hände! Das ist mir zu Hause eingetrichtert worden. Ich höre heute noch meine Mutter rufen: ›Hände waschen, essen kommen!‹«

»Was, mit den Schuhen ins Schlafzimmer? Bei diesem hellen Teppichboden? Nie und nimmer!«

»Im Lokal einen Aschenbecher klauen? Ich bin mein Leben lang ehrlich gewesen! Sowas tut man doch nicht!«

Alles gut und recht, aber jetzt geht's um mehr, als um Reinlichkeit und die ganz, ganz fleckenlose Weste und so weiter. Es soll dem Zwang an den Kragen gehen. Jetzt heißt es immer wieder einmal: mutig sein! Etwas von der »Norm« abweichen. Ein wenig »über das Maß« üben.

Was nützt die bakterienfreie (gibt es nicht!) Mahlzeit und die krankhafte Schonung des Teppichs, wenn es um den Zwang und *seine* Gesetze geht und eigentlich gar nicht um das, was andere Leute für angebracht halten.

Es gibt innerhalb der Therapie ein Verhalten, das das Standardverhalten genannt wird. Das lernen Sie nachzumachen, weil Ihre Unsicherheit zunächst sehr groß ist. »Mitteleuropäischer Standard im Sauberkeitsverhalten«, das hatte der Therapeut mir auf die Fahne geschrieben. Das bedeutet zum Beispiel: Bei uns kann man einen Apfel sicher auch mal essen, ohne ihn zu waschen. (»In Indien sollten Sie besser Bananen essen, die brauchen Sie nicht zu waschen mit Wasser, das krank machen könnte.«)

Es gibt aber in der Therapie auch die Möglichkeit, von der Norm etwas abzuweichen. Das hilft, schneller voran zu kommen und risikofreudiger zu werden. Später, wenn Sie, liebe Betroffene, schon einigermaßen auf sicheren Beinen stehen, können Sie Ihr Verhalten persönlicher gestalten und da und dort eigene Standards einbringen. Da dürfen Sie dann wieder vor der Mahlzeit die Hände waschen oder den hellen Teppichboden schonen. Oder derjenige sein, der die gebrechliche Menschen gefährdende Bananenschale vom Boden aufhebt. Wer ernsthaft Therapie gemacht hat, der weiß schon, was er sich erlauben darf. Das spüren Sie gleich, wenn das Therapiegewissen mahnt. Dann werden Sie immer mehr Sicherheit dabei bekommen, das zu tun, was der Beseitigung Ihrer Restzwänge hilft und was Sie mit ganz persönlichen Bedürfnissen vereinbaren möchten. Da kann es dann bei der berühmten Bananenschale heißen: Jede hebe ich nicht vom Boden auf, ich habe sie nicht hinuntergeworfen und bin nicht die Reinigungskraft vom Dienst. Dann dürfen Sie sich wieder einmal danach bücken, weil Sie gerade das Bedürfnis haben, hilfsbereit zu sein.

Immer einmal anders, nie gleich, das ist ein guter Weg.

Noch etwas, das ist wichtig: Es ist zu wenig, immer nur zu üben, wenn Ihnen eine Möglichkeit dazu über den Weg läuft.

Da haben Sie viel zu wenig Übungsgelegenheiten. Seien Sie tapfer und verzagen Sie nicht, weil alles so mühsam ist: Suchen Sie die Auseinandersetzungen mit dem Zwang. *Aktiv üben* nenne ich das. So zwischendurch einmal die Herdknöpfe einschalten, obwohl Sie eigentlich gar nichts wärmen wollen. Den Müll ausleeren gehen, obwohl der Eimer erst halbvoll ist. Müll auch einmal *nicht* trennen, obwohl das schon zwanghaft gewordene Umweltgewissen mahnt. Auf der Straße »versehentlich« den Schlüsselbund fallen lassen. Die Familie einmal mit ungewaschenem Salat »vergiften«. Nicht zum Fenster hinausschauen, obwohl es auf der Straße kracht. (Müssen denn wirklich Sie stets die Alleinverantwortliche sein? Lassen Sie doch auch einmal die andern ans Werk!)

Ich habe mir kürzlich einen Geldschein mit ins Bett genommen. Ich mußte einfach wieder einmal probieren, wie sich ein sauberes Bett mit einem dreckigen Geldschein verträgt. Außerdem kann ich mich nach solchen Experimenten wieder besser in meine von mir betreuten Patienten einfühlen. Glauben Sie nicht, daß heute ein Geldschein für mich unschuldig wie ein weißes Blatt Papier ist. Im Gegenteil: Durch die Therapie habe ich Konfrontation gelernt. Also, eigentlich gibt es nichts, was auf einem Geldschein *nicht* sein könnte. In der ersten Nacht war mein komischer Bettgenosse ab und zu präsent. In der zweiten habe ich ihn links liegengelassen. Wer nimmt schon einen Geldschein mit ins Bett? Jemand, der übt, oder jemand, der es wieder einmal genau wissen will. »Man« tut so etwas nicht. »Man« weiß ja leider auch sehr selten, was ein Zwang ist. Und was »man« schon gar nicht weiß, das ist die Tatsache, daß Zwangspatienten in Therapie Helden sind!

Auch die Jahreszeiten mit Hitze und Kälte verführen beim Üben gern zum »Üblichen«. Ein ganzer Winter mit Handschuhen? Möglicherweise fein für den Waschzwang. Fast so wie früher. Die Ernüchterung kommt dann im Frühjahr, wenn es »üblich« ist, wieder bloßhändig zu gehen.

Ich rate aus eigener Erfahrung: Ziehen Sie den Handschuh aus, wenn Sie die Geschäftstür öffnen oder einen fremden Klingelknopf betätigen, und dann hinein mit dem »Dreck« in den Handschuh! Sie haben recht, andere tun das nicht. Aber die müssen halt auch nicht einen Zwang überlisten!

Im Sommer heißt es gern: Es ist so heiß, ich möchte daheim gleich die Hände waschen. Das klebt, das ist so unangenehm. Oder auch: Ich habe die Jeans gewechselt, sie waren verschwitzt.

»Ich würde es Ihnen nicht empfehlen«, sage ich, »was hält man sonst nicht alles aus.« In der Übungszeit (und später einmal auch ab und zu) erst einmal eine Stunde verschwitzt daheim herumlaufen, ein bißchen klebrig, ein bißchen zu heiß, und all das tun, was man sonst auch tun würde. Auf einem Stuhl sitzen, nichts anfassen und warten, bis die Stunde um ist, das ist schwindeln und gilt nicht. Nach reichlich Kontaktaufnehmen können Sie sich dann frisch machen. Allzu schnell rinnt sonst »Übungsschmutz« den Abfluß hinunter. Wer nach dem Duschen, Händewaschen, ... *freiwillig* wieder »Schwieriges« anfaßt, der übt *aktiv* und verdient Extralob. Außerdem ist man als »Wiederbeschmutzer« mutiger und nicht so leicht verletzlich für den nächsten Angriff vom Zwang.

Manchmal sage ich, wie entschuldigend: Es tut mir leid, daß alles so schwer ist. Aber ich weiß keine andere Therapie, und ich bin froh, jedenfalls für die Kotherapie, daß ich etwas verlangen muß, das ich selbst durchgestanden habe. Es ist noch keine zwei Tage her, da habe ich einen Patienten ziemlich fordern müssen. »Es wäre nett, wenn die Fachleute einmal eine andere Therapie fänden«, habe ich mit einem Seufzer gesagt. »Und doch, man spürt ja selbst, daß das die einzig richtige ist«, war die aufrichtige Antwort des Betroffenen.

Was Zwängetherapie heißt, das weiß *wirklich* nur der Leidtragende selbst. Der heimliche Held!

*Ich grüße alle miteinander! Ulrike S.*

PS: Falls Sie noch mitten in der Therapie stecken: Machen Sie sich *heute* noch keine Sorgen darüber, daß Ihnen niemand *wirklich* sagen kann, wieviel Schmutz »richtig« ist, wieviel Schuld »tragbar«, wieviel Risiko »zumutbar«, wieviel Gift schädlich, wann der ganz normale Ekel aufhört und wann der Zwang anfängt. Jetzt ist Ihnen das noch so wichtig, weil der Zwang und damit die Unsicherheit Ihrem Problem soviel Bedeutung beimißt. Sie werden das Wissen um wieviel und wie sehr und wie lange nicht mehr in dem Maß brauchen wie heute. Machen Sie sich heute noch keine Sorgen darüber, wie das geschehen soll. Sie werden das durch die Therapie *erfahren*!

*Jetzt aber wirklich, Ihre Ulrike S.*

*Liebe Antonia!*

Momentan schlagen die Zwänge links und rechts neben Ihnen ein. Das heißt, Sie tun sich besonders schwer. Deshalb schreibe ich Ihnen schnell ein paar Zeilen.

Ihr derzeitiger Arbeitsplatz bringt Ihnen nur Frust. Gerade für Sie ist das schlecht, weil viele Zwangserkrankte Bestätigung auch in der Arbeit möchten. Viele Betroffene wurden zu Hause wenig anerkannt und gelobt. Wenn mir jemand etwas Lobendes sagt, dann möchte ich am liebsten die Haare hinter die Ohren streichen, um besser zu hören! Da besteht Nachholbedarf.

Sie wohnen noch im Elternhaus. Auch das ist problematisch, weil man sie dort als Kranke, als »die Dumme« behandelt. Für die Ihren sind Sie nicht vollwertig. Auch hier können Sie lange auf Anerkennung und Ermunterung warten.

Sie haben also jede Menge Schwierigkeiten neben den Zwängen. Sie sind derzeit ganz besonders gefordert. Arbeitssuche und dann auch Wohnungssuche ist angesagt. Da müssen Sie schon die Ärmel hochkrempeln! Aber Sie sind ja nicht allein. Ihre Therapeutin arbeitet sehr praxisbezogen. Da haben Sie Glück! Sie weiß nicht nur viel über die Psyche des Menschen, sondern sie hilft Ihnen auch beim Bewerbungsschreiben und beim »Entschlüsseln« von Stellenangeboten in der Zeitung.

Als praktische Hilfe für Ihre momentan ausufernden Zwänge biete ich mich an. Der Zwang ist halt feig – er schlägt sich zu den Schwachen. Was hilft es – da müssen Sie durch!

Also sagen Sie: »Dem Zwang zuliebe gebe ich nicht auf, was ich in der Therapie bis jetzt gelernt habe. *Es kann nichts passieren*, das tröstet mich. Ich kann (was die Zwangsbefürchtungen betrifft) nichts grundlegend falsch machen. Ein bißl mehr oder weniger lüften, ein bißl mehr oder weniger wischen, Hände bis zum Handgelenk.«

Sie müssen in diesen schweren Zeiten auch nicht allzu streng mit sich sein. Wenn etwas nicht so gut gelingt, dann verzagen Sie nicht. Das wird schon wieder. Erfolg bringt Erfolg.

Sie sind im Begriff, sich zum Positiven zu entwickeln, das ist die Hauptsache. Da sollten wir nicht »zwanghaft« kleinlich sein und gleich schimpfen, wenn aus dem Handgelenk ein Ellenbogen wurde.

*Liebe Grüße, Ihre Ulrike S.*

## Was (Ko-)Therapeuten manchmal verdrießt

*Liebe Betroffene!*

Irgendwann einmal, wenn Therapie gut läuft, kommt die Zeit der langsamen Abnabelung. »Sie sind an dem Punkt angelangt«, heißt es dann, »wo Sie selbst bestimmen können, wann und wie Sie noch Hilfe brauchen.« Manche Patienten werden ängstlich und fühlen sich noch nicht so sehr reif für das Flüggewerden. Andere atmen auf, jetzt ist der Druck »von oben« weg.

Was mir manchmal völlig unverständlich ist, das erkläre ich Ihnen jetzt: Wenn von einem Tag zum andern der Kontakt abgebrochen wird. Wenn die einstigen Helfer in großer Not fallengelassen werden wie die bekannte heiße Kartoffel. Das finde ich nicht fair. So etwas kränkt mich! Außerdem wüßte ich doch gern, wie es so geht. Weshalb höre ich nichts? Kein Lebenszeichen, nicht einmal ein Kärtchen. Ich verstehe schon, daß unter diesen Lebensabschnitt gern ein dicker Strich gemacht wird. Aber vor dem dicken Strich würde ich gern ein Adieu und Dankeschön hören. Zwängetherapie ist für Betroffene oft unwahrscheinlich mühsam und fordernd. Daß sie für (Ko-)Therapeuten ähnlich anstrengend ist wie Holzhacken, das wird leicht übersehen. Vielleicht denken Sie dran, wenn es bei Ihnen »soweit« ist. Das wäre nett!

*Ihre Ulrike S.*

## Über die Notwendigkeit des Variierens in der Therapie

*Liebe Betroffene!*

Das Variieren ist etwas, womit ich in meiner Therapie die liebe Not hatte. Das ist verständlich, denn das Variieren im Handeln verlangt zunehmende Sicherheit. Deshalb ist *Flexibilität* ein Thema, dem ich in der Kotherapie besondere Aufmerksamkeit schenke.

Unter Variieren verstehe ich, nicht ausschließlich das neue Verhalten oder *ein* neues Therapieverhalten einzuüben. Das mag für die allererste Zeit gut sein, weil da die Unsicherheit noch so groß ist. Aber dann kommt das Variieren, das Immer-wieder-anders-Machen dran.

*Anders*, das möchte ich Ihnen ans Herz legen, ist ein ganz wichtiger Begriff in der Therapie. Starr ist schon der Zwang.

Allzu starres neues Verhalten kann wiederum zwanghaft werden.

Das ist mir selbst in der Therapiezeit passiert. Davon möchte ich Ihnen erzählen. Es ereignete sich, als ich patschnaß nach einem Regenguß nach Hause kam. Das war die Zeit, da hatte ich mich strikt an die Empfehlung geklammert: »Machen Sie keinen Unterschied in der Kleidung zwischen drinnen und draußen!« Was bedeutete das für mich? Natürlich nicht, daß man auch im Nachthemd auf die Straße gehen muß und im Skianzug zu Bett! (Das wäre zwar technisch auch möglich, allerdings etwas sonderbar und vom Waschzwang her eine saftige Übung!) Das hieß also wirklich, daß ich mit der strengen Trennerei zwischen drinnen und draußen auch bei der Kleidung aufräumen sollte. Kein Umziehen also, wenn ich von der Stadt nach Hause kam. Klingt doch einfach, oder? Nicht für den unsicheren ängstlichen Waschzwang, der noch keinen Mut zur eigenen Entscheidung hat. Da werden mich viele von Ihnen verstehen.

Nun gut, ich bin also in der regennassen Kleidung herumgesessen und habe gewartet, bis sie am Körper getrocknet war. Ich hatte mir einen neuen Zwang eingehandelt, ich konnte nicht von der Therapieanweisung abweichen und einfach etwas Trockenes anziehen. Ich konnte mich, nach Hause gekommen, nicht umziehen. Ich habe nicht einmal gewagt, einfach die Kleidung auszuziehen und zum Beispiel zu Bett zu gehen oder einen Morgenrock anzuziehen. Ich habe auch nicht gewagt, den Therapeuten anzurufen. Was würde er mir wohl raten? Könnte ich dem gerecht werden? Kein Umziehen zwischen drinnen und draußen, das war die Therapieempfehlung, und an diese habe ich mich geklammert, wie es halt nur ein noch sehr Zwanghafter tut. Die Sache wurde dann in der Therapiestunde in Ordnung gebracht.

Ich habe jetzt in der Kotherapie herumgefragt. Nicht alle hätten sich derart starr therapiegetreu oder eher therapieängstlich verhalten wie ich. Ich denke, ich habe schon auch im Therapieverhalten meine ganz besondere, im Verlauf von vielen Jahren gewachsene Ängstlichkeit gezeigt. Keine Fehler machen, immer therapiegerecht handeln, keine Rückfälle riskieren. Nach so langer Krankheitsdauer ist auch die Rückfallangst verständlicherweise größer. Aber auch weniger ausgeprägt Erkrankte haben große Therapieunsicherheiten, was das Verändern betrifft.

Nun achte ich also in der Kotherapie besonders auf das Immer-wieder-*anders*-Machen.

Leiden Sie, liebe Betroffene, lieber Betroffener an einem *Waschzwang*? Ja? Dann tragen Sie Ihre Übungskleidung, die Jeans, den Rock, nicht endlos lange »durch«! Das soll Ihnen höchstens in der ersten Zeit des Übens eine Hilfe sein, um vom übertriebenen Sauberkeitsanspruch wegzukommen. Das »Durchtragen« bringt auch eine gewisse Sicherheit, denn es wurde vom Therapeuten empfohlen. Eigenentscheidung ist noch nicht verlangt. Die gleichen Jeans, und das zehn Tage lang, das gibt Sicherheit in der Not. Da muß man nicht ständig dran denken: »Wann darf ich wieder wechseln? Wie lange trägt man ein Kleidungsstück, das nicht zwangshalber in die Wäsche muß?« Zu Beginn sind diese auch noch etwas starren Therapieempfehlungen eine gute Sache.

Dann aber ist *das Variierenlernen* angesagt. Das ist wichtig, aber auch schwer. Daran hatte ich in der Therapie mächtig zu knabbern. Fragen über Fragen gab es an den »zuständigen« Therapeuten, der eigentlich, abseits von meinem Zwang, sicher weniger von Wäschepflege verstand als ich. Aber er hatte einen gesunden Menschenverstand, der rät besser als die zwanghafte Hausfrau! Nicht nach Zwangsbedürfnis soll gewechselt werden – das ist der nächste schwierige Schritt.

Einmal hatte ich eine Patientin betreut, die sich musterhaft verhielt im Sinn der Therapie. Nicht, daß es auch Schwierigkeiten gegeben hatte, gewiß nicht. Aber ihr Wille zum Gesundwerden ließ sie besonders mutig sein. Die Tapfere zog immer frische Kleidung an, bevor wir ans Üben gingen. Vorher eben, und nicht nachher. Damit sie den »Übungsdreck« länger tragen konnte!

Wechseln nach Witterung, Vernunft, Einsicht und Anlaß, nicht gegen die Therapieinteressen. Waschen nach dem Grad der Verschmutzung, nicht nach dem Gefühl vom Zwang. Einen

Fleck könnten Sie auch nur ausputzen, nicht gleich das ganze Stück in die Wäsche. Lassen Sie *Augen* und *Geruchsinn* urteilen – nicht den Zwang –, wenn Sie meinen, daß etwas reif für die Wäsche sei. Das ist wirklich nicht so leicht, auch weil eine verrückte Waschmittelwerbung das ihre dazutut.

Riecht ein Pullover nach Schweiß? Oder penetrant nach Rauch vom Lokal? Auslüften ist therapienützlicher als waschen. Aber: Beginnen Sie nun nicht, das Waschen wiederum recht zwanghaft durch übermäßiges Lüften und Ausbeuteln zu ersetzen. Der Zwang liegt auf der Lauer, denken Sie dran!

Wenn Sie mir Jeans zeigten, die Sie nun schon eine Woche lang anhaben, dann könnte ich Ihnen raten: »Nehmen Sie ruhig eine frische her. Es ist nicht verboten, frische Kleidung oder eine feine Dusche angenehm zu finden. Aber werfen Sie die getragene Hose nicht gleich in die Wäsche. Sie könnten sie fallweise zu Hause tragen.« Ich weiß, was ich da Schwieriges von Ihnen verlange. Ausgerechnet daheim, wo Sie so gern blitzsauber herumlaufen würden.

Eine Grundregel für die Therapie jeglicher Zwanghaftigkeit lautet: »Machen Sie es sich *nicht* leichter!«

Sie könnten auch nur ein frisches T-Shirt anziehen und die Jeans beibehalten. Das ist schwer (der Zwang bevorzugt »ganz frisch«, hundertprozentig sauber, von oben bis unten, womöglich auch noch mit Duschen und Haarewaschen!).

Die Tageszeit des Duschens könnten Sie immer wieder verändern, mal am Abend duschen, mal gar nicht, weil es Ihnen nicht so nötig erscheint, mal am Morgen.

Sie werden vielleicht das Duschen ohne Haarewaschen schwer finden, weil der Zwang wieder um seinen Hundertprozentanspruch betrogen wird. Versuchen Sie auch, sich nur mal frisch zu machen. Den Oberkörper waschen, in etwa beim Nabel aufhören.

Wie schwer fiel mir seinerzeit die Flexibilität, mich der Witterung entsprechend anzuziehen. Am Morgen war es noch schön, da trug ich T-Shirt und kurzen Rock. Zu Mittag wurde es gewittrig und kühl. Jetzt müssen über bereits »schmutzige«

Arme und Beine langärmliger Pulli und lange Hose, womöglich frisch aus dem Schrank. Ich weiß, was jetzt passiert: Hosenbeine und Pulloverärmel sind außen noch sauber, aber innen werden sie schmutzig!

Von den Türklinken wollen Sie hören? Wann Sie diese putzen dürfen? Lassen Sie Ihre *Sinne* sprechen! Vertrauen Sie auf das das, was Sie *spüren*! Wenn eine Türklinke klebrig ist, dann dürfen Sie sie putzen. Wenn sie aber vom »Zwangsdreck« klebrig ist, dann lassen Sie sich Zeit.

Meine Güte, ist das alles schwer! Aber es hilft nichts. »Da müssen Sie durch!« Ich brauche Ihnen nicht zu erklären, wer mir das seinerzeit gesagt hatte. Das ist Therapie, von der so mancher »Fachmann« nicht weiß, wieviel Anstrengung und Kopfzerbrechen dahintersteckt. Alles wird anders, nichts wie gewohnt. Sie werden lernen, das alte starre Muster, das (nicht wirkliche) Sicherheit vermittelte, zu durchbrechen.

Leiden Sie unter *Kontrollzwängen*? Auch da ist »immer wieder einmal anders« gut. Sie könnten den Kontrollgang vor Verlassen des Hauses in nichtüblicher Reihenfolge machen. Riskieren, das Badezimmerlicht brennen zu lassen. Das ist keine große Sache, meinen Sie? Dann tun Sie es doch, und erleben Sie, daß Erfolg wiederum Erfolg bringt. Daß oft schon der Mut zu kleinen »Nachlässigkeiten« in der Folge Freude macht und weniger ängstlich sein läßt.

Haben Sie nur Vertrauen zu Ihren *eigenen* Kontrollen? Bitten Sie den Partner oder sonst einen Helfer, die Kontrollen zu übernehmen. Das eine Mal überlassen Sie ihm die Aufgabe des Kontrollierens. Sie fühlen sich vielleicht entlastet, aber nicht so ganz, weil der Partner Ihnen nachlässig erscheint. Den »Kontrolleur« nicht durch Nachfragen nerven! Ein andermal sind *Sie* beim Nachschauen dran. Sie glauben, verläßlicher zu sein. Doch sie fühlen sich nicht mehr so perfekt wie früher, weil Sie jedem Herdknopf nur mehr einen kurzen Augenblick der Aufmerksamkeit schenken dürfen.

Noch ein paar Worte zum Herd, dem besonderen Wichtigtuer in der Wohnung: einmal kurz hinschauen genügt. Der erste

Blick ist der richtige, der zweite kommt vom Zwang. Dann: nichts wie weg! Das schlechte Gefühl nach solch flotter Kontrolle kommt vom Zwang, der meckert immer. Einen abgedrehten Herdknopf beurteilt man mit den Augen und nicht nach dem Gefühl. Sie würden sofort sehen, wenn etwas nicht in Ordnung ist. Es würde Sie geradezu »anspringen«. Gerade Sie, da Ihnen der Herd solch ein Anliegen ist, würden gleich bemerken, wenn da etwas nicht stimmt.

Leiden Sie unter *Schuldzwängen*, haben Sie Schwierigkeiten beim »korrekten« Bezahlen?

Lernen Sie zu variieren zwischen Barbezahlung, Bankauftrag, ein kleinerer Betrag kann auch mal nur in ein Kuvert gesteckt werden und hinein in den Briefkasten. Nicht nachfragen, ob das schuldige Geld wohl angekommen sei. Die andere Seite wird sich schon melden, wenn ihr etwas fehlt. Kein Leben ohne Risiko! Zur Übung darf es auch mal bewußt ein bißchen weniger sein. Das schadet niemandem, aber Ihnen nützt es.

Müssen Sie immer alles, was anderen schaden könnte, aus dem Weg räumen? Den Stein beim Wandern, das Salatblatt auf dem Boden vor dem Obstregal im Supermarkt? Lassen Sie in der ersten Übungszeit *alles* liegen. Später könnte das so gehen: Einmal heben Sie das Salatblatt auf (vielleicht braucht es Ihr Meerschweinchen), einmal schubsen Sie es mit dem Fuß ein Stück weiter, und dann wieder lassen Sie es linksliegen, weil Sie nicht für alle hinunter gefallenen Salatblätter der Welt verantwortlich sind.

Ich rate es noch einmal, wenn Sie Schwierigkeiten beim neuen Therapieverhalten haben: Wenn Sie nicht wissen, ob so oder anders, halten Sie sich an den Ratschlag meines Therapeuten: »Machen Sie es sich *nicht* leichter!«

*Freiheit ist, nicht tun zu müssen, was man nicht tun will.* Das klingt einfach. Der Zwangspatient in Therapie braucht viel Kraft, um tun zu können, was er tun will.

*Ich grüße Sie herzlich, Ihre Ulrike S.*

## Liebe Therapeuten!

Ich befinde mich manchmal in einer verzwickt gespaltenen Situation. Da führe ich ein Selbstgespräch: »Erinnere dich doch, das hast du *auch* so erlebt. Tu doch nicht so, als ob du vergessen hättest, wie schwer das ist. Du weißt doch wohl noch, wie unendlich schwierig selbstverständlich Scheinendes sein kann. Denk an die Angst, an das Grübeln, an die Behinderungen. Jetzt hast du einen Patienten, der erwartet *gerade von dir,* daß du ihn und sein Zaudern und all die Umständlichkeit verstehst.« So spricht die eine in mir.

Auf der anderen Seite stöhnt innerlich die Kotherapeutin: »Das darf doch nicht wahr sein! Wenn die (oder der) so weitermacht, dann sind wir bis zu meiner Pensionierung noch nicht weiter.«

Meine Auseinandersetzungen zwischen Therapeuten- und Patientenlager finden meist nur gedanklich statt, da kränke ich niemanden.

Manche schaffen die Therapie relativ schnell, andere brauchen Schritt für Schritt. Ich selbst gehörte zu den letzteren.

Das schlimmste, das mir als Kotherapeutin passieren könnte, wäre ein Therapieabbruch von seiten des Patienten, womöglich zu Beginn der Übungen, weil ich die Zwangsangst zu wenig wahrgenommen hatte und zu schnell vorwärtsgegangen bin. Solche Patienten sind dann womöglich noch für Therapien andernorts verloren. Sie haben keinen Mut und kein Vertrauen mehr. Wenn eine Achtzehnjährige bereits jede Menge an Vortherapien hatte, Ausdrücke aus dem Fachjargon wie selbstverständlich benützt und einfach nicht glaubt, daß ihr zu helfen wäre, dann frage ich mich schon, wie die Therapeuten zuvor mit ihrer Verantwortlichkeit zurechtkamen. Wenn Therapeuten sagen, daß beim (ersten) Hausbesuch alles auf den Kopf gestellt werde, dann kann ich über soviel Mangel an Einfühlungsvermögen nur den Kopf schütteln. »Einen Tag zwangskrank zu sein«, das wünschen Zwangskranke manchmal denen, die von ihrem Leid sehr wenig Ahnung haben.

»Spricht auf meine Therapie nicht an«, wenn ich so etwas höre, dann wird mir beklommen zumute. Es könnte doch auch sein, daß am Verhalten des Therapeuten und seinem »Knowhow« etwas zu verändern wäre. Man kann einem Zwangspatienten doch nicht derart den Boden unter den Füßen wegziehen.

Noch etwas möchte ich den Therapeuten sagen als Anwalt meiner früheren Leidensgefährten.

Zu Beginn meiner Kotherapeutentätigkeit habe ich immer gedacht, wenn eine Übung nicht ordentlich gemacht wird, dann taugt sie nichts.

Ich habe bisweilen in meiner eigenen Therapie extremen Perfektionismus betrieben. Die Angst vor dem Rückfall hatte mich wohl dazu veranlaßt. Oder der Drang zur perfekten Leistung. Oder die Zeitnot, in der ich mich befunden hatte. Da war doch wenig Spielraum zum Trödeln. Wahrscheinlich von jedem etwas. Der mögliche Rückfall war sicher ein ernster Warner in meinem eigenen Therapieverhalten.

Die Voraussetzungen, die ein Patient zum Therapiemachen mitbringt, sind verschieden.

Heute weiß ich, belehrt durch die Kotherapie, daß nicht jede und jeder gleich viel Talent, Begabung, Kraft, Hilfe aus dem Umfeld für eine Zwängetherapie mitbringt.

Wer kann schon beurteilen, *wozu* der Zwangskranke da vor ihm imstande ist? Was in ihm vorgeht und welche Hilfsmöglichkeiten er für die Therapie mitbekommen hat?

Ich habe seinerzeit bei einer Therapiesitzung zu dritt dazu guten Unterricht bekommen. Das war mit der Patientin, die Regen von Tschernobyl auf jedem alten Schirm vermutete.

Wir wollten während der Stunde mit dem Üben beginnen. Also hatte ich einen Schirm mitgebracht, der ganz nach dem Baujahr zur Zeit des Reaktorunfalls aussah. (Davon hatte ich schon früher berichtet, s. S. 77 ff.) Es hatte doch damals so geschüttet. Die Patientin saß angespannt und entsetzt in ihrem Sessel und starrte fassungslos den Schirm an. Wenn sie so etwas in der Stadt sah, dann hatte sie bisher stets die Straßenseite gewechselt. Und jetzt mit so einem Ungeheuer im selben Raum!

Das Anschauen und Verbleiben im selben Zimmer war zunächst Übung genug für sie. Nach viel Gespräch und gedanklicher Unterstützung fragte sie der Therapeut: »Könnten Sie sich vorstellen, wieweit Sie sich auf einen Kontakt mit dem Schirm einlassen wollen?« Ich hatte das doch auch seinerzeit so erlebt mit dem Haare-anfassen-Getrauen!

Irgendwann gab's bei unsrer Strahlenängstlichen einen Seufzer, ein kurzes Antupfen, und mit diesem Antupfen hat die Patientin den Schirm von sich weggeschoben.

Man könnte der jungen Frau doppelte Vermeidung anlasten: nur kurzes Antupfen und Wegschieben des Schirms. Besser wäre: »Fein haben Sie das gemacht! Jetzt haben Sie ein Schmutzgefühl an den Fingern, weil Sie sich vielleicht oder auch sicher auf ein winziges bißchen Strahlung eingelassen haben. Spüren Sie dem Gefühl nach. Lassen Sie es auf sich einwirken, und erzählen Sie, was Sie dabei empfinden. Ob Sie wütend sind oder verzweifelt, ob Ihnen etwas von früher einfällt, von daheim, vom Partner. Oder finden Sie gar, daß die Berührung und dieses Aushalten danach weniger schrecklich sind, als Sie ursprünglich dachten? Was könnten Sie nun wohl mit Ihrer kontaminierten Hand tun? Vielleicht die eine Hand in die andere legen?«

Hier könnte man auch eine Übung in der Vorstellung für daheim probieren: Wie zum Beispiel das Söhnchen die Mutter empfängt. Wie diese das Kind nicht auf Distanz hält wie bisher, wenn sie sich kontaminiert fühlte. Wie sie den Kleinen umarmt, trotz ihrer Tschernobylhände. Wie er erfreut und überrascht registriert, was seine Mutter da Neues mit ihm macht. Sich vorstellen, wie die Mutter am Abend dem Burschen mit den eigenen fünf Fingern (die sie tatsächlich bis dahin noch nicht gewaschen hatte, obwohl sie es doch *soo* furchtbar gern getan hätte!) durch die Haare fährt.

Die Patientin hat auf diese Therapie angesprochen, das kann ich Ihnen versichern. Die Therapie liegt an die zehn Jahre zurück. Ich weiß das so genau, weil es meine erste Kotherapie war und ich mich noch gar nicht so sicher fühlte. Es ist einfach faszinierend, die Fortschritte einer Zwangspatientin mitzuerleben.

Auch wenn ich selbst, die es besser wissen sollte, manchmal den Kopf schütteln muß, weil manch eine Therapie schon fast Engelsgeduld braucht.

*Ihre Ulrike S.*

## Das ist die Geschichte von Lilo, die sich von Männern verfolgt fühlte, und wie daraus ein Zwang wurde

Diese Geschichte möchte ich (angehenden) Therapeuten erzählen. Betroffene könnten sie lesen, wenn sie aus dem Titel entnehmen, daß ihnen derartiges auch schon passiert ist.

Die Vorgeschichte ist eine wohl unangenehme, aber relativ harmlose Begegnung des Kindes Lilo mit einem aufdringlichen Mann im Alter von etwa fünfzig Jahren.

Ich erzähle Ihnen, wie das nun abläuft bei Lilo. Wie aus dem normal vorsichtigen Verhalten einer Frau, die einst einem merkwürdigen Mann begegnete, ein Zwangsverhalten wurde.

Lilo geht auf der Straße. Eine sehr belebte Straße ist kaum ein Problem, weil Lilo sich all die Gesichter von etwa fünfzigjährigen Männern einprägen muß, und das kann sie in der Menge ohnedies nicht. Da geht alles zu schnell. Da kann sie sich die Form der Nase, Ohren, Augen, die Farbe der Haare und sonstige Besonderheiten nicht so gut merken. Auf jeden Fall nicht so gut, wie es der Zwang verlangt. Lilo (bzw. der Zwang) läßt sich nicht auf Ungenaues ein, also braucht sie im Menschengewühl auch gar nicht erst anzufangen mit der Zwängelei.

Kritisch wird es auf Wegen und Straßen, die fast menschenleer sind. Kommt *dort* jemand daher, dann kann sich Lilo auf dieses eine Gesicht konzentrieren. Sie kann auch feststellen, ob sie selbst von diesem Mann fixiert wird oder ob er sie gar nicht beachtet. Lilo versucht, diese Begegnung im Gedächtnis noch besser zu markieren, indem sie die Umgebung des Mannes, der ihr vielleicht gefährlich werden könnte, mit einbezieht. Zum Beispiel durch ein Papierchen, das in seiner Nähe auf der Straße liegt.

Also: Mann plus weißes Papierchen. Besser, sagt der nie zufriedene Zwang, wären zwei Papierchen. Diese beiden verbindet Lilo dann durch eine imaginäre Linie. Diese Verbindungslinie darf sie durch Drübergehen nicht durchtrennen. Sonst erfüllen die Gedächtnisstützen nicht ausreichend ihre Funktion. Lilo ist angespannt, aber nur deshalb, weil die Kontrolle perfekt sein muß. *Nur deshalb.* Nicht, weil sie im Augenblick Angst vor dem Mann hätte. Die Zwangskontrollen nehmen sie derart in Anspruch, daß ihr zum Fürchten der Sinn fehlt. Erst der Zwang, dann alles andere.

Nun muß Lilo kontrollieren, ob der Mann ihr folgt oder einen anderen Weg einnimmt. Im günstigen Fall möchte sie erfahren, wohin er geht. Das ist alles Kontrolle, deren Exaktheit erst zu Hause wichtig wird. Daheim muß Lilo nämlich die in Frage kommenden Männer schriftlich festhalten, auch die Markierungsmerkmale (z. B. Papierchen), die die Kontrolle noch genauer machen. Ist alles aufgeschrieben, dann geht es ihr besser. Dann braucht sie auch die Männer nicht zu fürchten. (Sie hat sie ja durch ihre Notizen »im Griff«.) Ruhe ist immer noch nicht, denn sie muß immer wieder im Geiste *abhaken.*

Solches also hat der Zwang sich ausgedacht, um die arme Lilo zu plagen!

*Liebe Lilo!*

Erinnern Sie sich: Vorbesprechung zur ersten Übung, Übungsspaziergang zu zweit und Nachbesprechung daheim, so haben wir es gehalten. Vorbeigehen und Nichtanschauen, das ist schwer und die Strategie für die erste Zeit. Aber so kann das später dann nicht immer gehandhabt werden. Wäre ja zu schade, wenn Sie für den Rest Ihres Lebens an jedem Mann mit gesenktem Blick vorbeigehen müßten. Da könnte man allerhand versäumen an Beachtenswertem!

Das Hinschauen ohne zwanghaftes Fixieren, das wird der zweite und schwerere Schritt sein. Das Linksliegenlassen oder der schnelle interessierte Blick, je nachdem, das kann sich dann die sehr fortgeschrittene Lilo erlauben. Da ist schon mehr Flexibilität und Eigenentscheidung gefragt.

Das dicke Ende an diesem ersten Übungstag kam für Sie dann – alleingelassen – daheim.

Nichts aufschreiben! Dazu brauchte es am Abend Unterstützung am Telefon. Am schwersten ist der Verzicht auf das Abhaken in Gedanken. Das Durchgehen der Gesichter vom Tag *nur im Kopf.* Also lernten Sie: Gedanken kann man nicht verbieten zu kommen. Dann werden diese erst recht aufdringlich. Aber damit umzugehen, das können Sie lernen.

Wie wäre es zum Beispiel auf folgende Weise? Stellen Sie sich diese Situation vor: Sie versuchen nicht, die Zwangsmänner fortzuschicken und aus dem Gedächtnis zu verbannen.

Nein, Sie holen diese allesamt zu sich heran. Nicht wegdrängen, sondern, womöglich recht übertrieben, herholen. Das ist die bewährte Strategie beim Zwang. Auch, wenn er sich »nur« gedanklich abspielt.

Das könnten Sie sich zum Beispiel so ausdenken: Ihre »verdächtigen« Männer sind Ihnen natürlich samt und sonders gefolgt. Nun steht der ganze Haufen vor der Haustür; eine unübersehbare Männermenge drängelt und möchte herein. Die Nachbarn reißen schon die Fenster auf, hier gibt es was zu erleben! Heute geben Sie sich gnädig, sie verteilen Nummern. Wie beim Arzt oder bei den Stehplätzen für die Oper.

Nun darf einer nach dem andern herein. Ganz nach Gutdünken werden die Aufdringlichen von Ihnen behandelt. Dem einen geben Sie Schimpfworte, dem andern ein huldvolles Lächeln; einer darf zum Kaffee bleiben, einen Unverschämten werfen Sie per Fußtritt hinaus; von einem nehmen Sie gnädig den Blumenstrauß entgegen.

Mit Zwangsvorstellungen, mit aufdringlichen Gedanken umgehen wie mit wirklichen Personen, ganz nach Laune und Stimmung – das könnten Sie machen, liebe Lilo, wenn Sie allein sind nach dem Üben und sich den Gedanken ängstlich ausgeliefert fühlen.

Vielleicht wie in der norddeutschen Sage vom Rattenfänger von Hameln. Der hatte die Ratten mit seinem Flötenspiel angelockt und in der Weser ertränkt. So mit den Männern unserer Stadt umzugehen, das fände ich allerdings herzlos. Man muß ihnen doch zugestehen, daß sie auch ihr Gutes haben. Nicht wahr, Lilo?

Bis zum nächsten gemeinsamen »Männerzusammenklauben«!

*Ihre Ulrike S.*

## Kein Schnitt zwischen dem Waggon und dem Zuhause

*Liebe Betroffene!*

Was ich damit meine, möchte ich Ihnen ganz praktisch an einem Beispiel erklären. Ich werde am Sonntag mit dem Zug von Wien nach Innsbruck fahren. Das sind ein paar Stunden Bahnfahrt mit unserer Österreichischen Bundesbahn. Die ist nicht gerade die allersauberste. Ich schaue in München immer neidisch auf die deutschen ICE-Züge, während ich in einen gar nicht so noblen Österreicher einsteigen muß. In Innsbruck angekommen, werde ich mich müde und schmutzig fühlen, das gestehe ich mir zu. Aber ich werde mir nicht erlauben, zwischen Bahn und zu Hause einen radikalen Schnitt zu machen, indem ich das Badezimmer stürme, die Kleidung in die Maschine stopfe und dann in die Dusche steige. Der Einzug daheim muß *glei-*

*tend* vor sich gehen, *nicht scharf trennend*. Das bin ich mir als »Ehemalige« schuldig. Erst Begrüßung, Platz nehmen, erzählen, etwas trinken. Dann schön langsam die Reinigung.

Ein »Erinnerungsstück« an die Reise wäre prima. Zum Beispiel die Hose noch am folgenden Tag tragen. Das ist vielleicht nicht so fein, womöglich auch gar nicht »üblich«. Aber bedenken Sie, daß etwas vom Zwang noch in Ihnen schlummert, das sollte nicht wieder geweckt werden.

Also: Kein scharfer Schnitt zwischen dem Waggon und dem Zuhause. Ein wenig *vernetzen*, das darf sein und soll sein. Ein bißerl vom Polstersessel im Abteil darf auf die Sitzecke im Wohnzimmer. Ein wenig von der Haltestange beim Aussteigen darf auf die Türklinke daheim. Einen Reiseprospekt von der Bahn mitnehmen und daheim hinlegen, wie es sich gerade ergibt.

Ich war einmal zwangskrank. Auch durch die Therapie, durch das Bewußtmachen und Nicht-Verdrängen habe ich gelernt, was alles beispielsweise auf einem Geldschein drauf sein kann. Ich weiß so manches, woran andere gar nicht denken. Dieses Wissen hat mit geholfen, mich gesund zu machen. Und dieses Wissen ist auch Schuld dran, daß ich Dinge und Vorgänge manchmal anders sehe als sogenannte Normale. »Erweitertes Bewußtsein« nennt das der Therapeut.

Machen Sie sich, liebe Betroffene, nichts vor: Der Fleck auf der Polsterung im Abteil kann verschiedene Ursachen haben. Das zu akzeptieren bedeutet ehrliche Therapie machen. Auf den trennenden Schnitt zu verzichten und ein paar Moleküle mit nach Hause zu nehmen ist ein Stück des Wegs zum Gesundwerden.

Ich habe einmal eine Patientin kennengelernt, die an einem Schuldzwang litt. Sie hatte Angst, menschlichem Leben zu schaden, und Angst, ein schuldiger Mensch zu sein. Sie hatte als Patientin viele »Schnitte« gemacht. Schuldlos wollte sie zur Heiligen Messe gehen, schuldlos zur Mahlzeit, schuldlos nach Hause, ja sogar schuldlos zur Therapiestunde.

Dem Zwang ist doch wirklich nichts zu blöd, nicht wahr!

*Liebe Grüße, Ihre Ulrike S.*

## Gedankenzwänge: Wörter bleiben aufdringlich hängen – Angst, jemand Lieben zu töten – leichter Zählzwang

*Lieber Herr Bruno!*

Ich habe so einen Zorn, nein, nein, nicht auf Sie, Herr Bruno! Aber ich muß mir erst einmal Luft machen. Ich muß Sie »benützen«, um mir den Ärger von der Seele zu schimpfen. Das ist zwar selbstsüchtig, aber dann werde ich ganz bestimmt für Sie da sein. Lassen Sie mich erzählen.

In unserm Haus gibt es jemanden, der besitzt einen Kater. Dieser Kater vergällt mir die Nächte, weil er sehr triebhaft ist. Er schreit und reißt mich aus dem Schlaf, wobei mein erstes Erschrecken immer das gleiche ist: Da schreit ein Kind. Es klingt wirklich ähnlich. Meine Wut ist groß, mein Schlafdefizit auch. Der Kater darf nicht kastriert werden. Er gehört einem Urologen. Deshalb!

Der häusliche Krieg dauert nun schon drei Monate. Die Ausdauer des Katers ist erstaunlich. Ich fühle mich stimmungsmäßig vergiftet. Ich könnte morden und den Kragen umdrehen, ich weiß nur nicht recht, wessen Kragen. Ich will nicht ungerecht sein, die Katze kann ja nichts dafür.

Was ist zu tun? Soll ich kämpfen oder klein beigeben?

Ich bin doch »so gut« im Ratgeben, wo bleibt die Eingebung für mich selbst? Könnte ich aus der Therapie für Zwänge nicht etwas, irgendeinen Trick, für mich selbst hernehmen, um mit dieser Belästigung fertig zu werden?

Ich will überlegen: Versöhnlich heranholen kann ich das komische Paar, den Kater und seinen Besitzer, nicht. Die Katze markiert ja dauernd. Das riecht.

Und der Besitzer? Mich mit ihm anfreunden? Unmöglich, uns trennen Welten. Sich wehren? Das habe ich schon versucht. Ich stoße auf Granit. Der Gegner ist nicht in den Griff zu kriegen.

Ich muß das Problem bei mir selbst lösen.

Vielleicht funktioniert das: Ich werde so tun, als gäbe es den Schreihals, den Kater, nicht. Ich stopfe mir nächtens Ohropax in die Ohren und werde wieder schlafen. Er wird draußen im Garten versuchen, mich zu ärgern, und stößt auf kein Gehör mehr. Ich werde ihn (und seinen Besitzer) negieren, links liegenlassen (*abhaken und durchlaufen lassen*, sagt ein Patient mit Zwängen, die er lernt, nicht mehr zu beachten). Er kann mich nicht mehr drausbringen. Ich lasse mich nicht mehr verärgern und vergiften. Ich werde so tun, als gäbe es die beiden nicht. Der Rücksichtslose wird sich samt seiner Katze mannesstark vorkommen.

Doch der eigentliche Sieger bin ich! Den Zwang habe ich zur Tür hinausgeworfen und den Katzenbesitzer samt Kater aus meinem Kopf. Aus! Fertig! So geht man mit Zwängen und aufdringlichen Katern um.

Jetzt kommen Sie dran, Herr Bruno! Lange genug haben Sie warten müssen. Aber Sie wissen doch: Gut Ding braucht Weil. Nicht nur bei Zwängen.

Eigentlich hätte ich mich heute gar nicht an die Maschine gesetzt, um Ihnen zu schreiben. Aber da kam Ihr Anruf, der hat mich sehr gefreut. Sie waren erfolgreich bei Ihren reinen Zwangsgedanken. Ich hatte Ihnen das Therapie-Manual von Lakatos und Reinecker in die Hand gedrückt. Daß Sie überhaupt gewagt hatten, darin zu blättern, war schon ein Erfolg.

Sie sind so ängstlich, Sie haben immer Sorge, alles aufzunehmen, was Ihnen an Gedanken über den Weg läuft. Sie trauen keinem Selbsthilfebuch, weil Sie dann gleich Angst haben, sich einen neuen Zwang zu holen.

»Sie trauen sich wirklich alles zu«, hatte der Therapeut gemeint, weil Sie sogar damit liebäugeln, Sie könnten auch Ihren Sohn mit einem Messer um die Ecke bringen. So etwas *darf* man nicht einmal denken, schon ist es passiert.

So etwas darf einem niemals einfallen, so schändlich ist das! Deshalb kommt *es* ja dann auch zwangsweise daher, dieses schändliche Denken. Der Zwang weiß schon, wie er erschrecken und verunsichern kann.

Außerdem zieht die Unsicherheitskrankheit oft keine verläßliche Grenze zwischen: »Habe ich das nur gedacht, oder habe ich das bereits getan?«

Ich frage Sie: »Wo ist die Leiche? Wo ist das Motiv?«

Also, ich habe den Katerbesitzer *nicht* umgebracht und den Kater auch *nicht*.

Weshalb ich das weiß? Weil kein Blut an meinen Händen klebt, das sehe ich doch. Und weil ich mich wegen eines spinnerten Katerbesitzers nicht ins Gefängnis setze. Und weil ich beschlossen habe, die beiden links liegenzulassen.

Und was wäre, wenn ich es *doch* getan hätte? (Für die Therapie: Immer auch gedanklich das Ärgste, das Schrecklichste zulassen üben!) Dann hoffe ich, daß rund um die Gefängnismauern nächtens kein Kater rollt!

Heute bin ich zu egoistisch, Herr Bruno, ich komme immer wieder zu meinen eigenen Problemen. Das kommt vom »schlechten Umgang«!

Jetzt aber wirklich nur mehr zu Ihnen. Sie, Herr Bruno, haben mir heute Freude gemacht, weil Sie aktiv geübt haben. Dieses Manual, das Sie zu lesen wagten, hat Ihnen wohl Mut gemacht. Wenn man das, was in der Therapie besprochen wird, auch von anderer Seite schwarz auf weiß geschrieben lesen kann, dann kann so etwas schon die Sicherheit stärken.

Wie ist das nun mit *meinem* Kater und *Ihrem* Zwang? Wie könnten wir die beiden vergleichen?

Da haben Sie, Herr Bruno, schon mehr Möglichkeiten zur Bewältigung. Mir bleibt nur das Linksliegenlassen.

Wenn Sie einen Zwangsgedanken, ein aufdringliches Bild, ein Wort, einen Satz im Kopf herumtragen, den Sie nicht loswerden können, dann hilft Ihnen Verschiedenerlei: Sie können den Gedanken seelenruhig zulassen, weil Sie wissen, daß Sie nur tun, was Sie *wirklich* tun wollen. *Wollen* Sie den Sohn abkrageln? »Um Himmels Willen, nein!« so schreien Sie. Na, also! Dann tun Sie es auch nicht. Sie *könnten* es nicht einmal tun. Weil man etwas moralisch Schlechtes nicht tut, wenn man es nicht tun will. Auch nicht unter Hypnose.

Ein guter Trick ist die »Detailfrage«. Das geht so: »Also, Herr Bruno, wie würden Sie »es« denn am liebsten angehen? Mit dem Taschenmesser, mit dem Küchenmesser oder mit Rattengift? Welche Tageszeit käme Ihnen am gescheitesten vor? Wenn der Sohn rechtschaffen müde von der Arbeit kommt oder wenn er vor dem Fernseher eingenickt ist?«

Wenn man dem Zwang mit solchen Fragen auf den Zahn fühlt, so bringt das meist Ernüchterung, Erleichterung und Einsicht. Auf diese Weise gewinnt man wieder Abstand zur Zwangsbefürchtung.

Ich weiß schon, Herr Bruno, das Problem läßt sich nicht von heute auf morgen aus der Welt schaffen. Der Erfolg liegt in der Wiederholung. Da geht man frisch-fröhlich von der Therapiestunde weg, fühlt sich gestärkt, vieles scheint leichter. Sie brauchen nicht lange zu warten, da sitzen Sie schon wieder knietief in der nächsten Zwangssituation. Das passiert leicht in der noch großen Unsicherheit der ersten Therapiezeit.

Bei mir hat auch nicht *nur einmal* einsehen gereicht, warum ich nach Geldkontakt nicht mehr Händewaschen »müßte«. Ich habe in der ersten Zeit der Therapie geglaubt, ich bräuchte rund um die Uhr Betreuung.

Das Lernen hat schon eine ganze Weile gebraucht. Viele Gespräche und viele Übungen waren nötig.

Also tun Sie nicht verzagen, auch Sie werden genug Geschick bekommen, mit der Aufdringlichkeit in Ihrem Kopf fertig zu werden.

Herr Bruno, jetzt muß ich ein bißl in die Stadt gehen. Ich muß ein paar »Geldübungen« machen, in den Geschäften stöbern, etwas Unnützes kaufen.

Ich kann Ärgerlichkeiten am besten dann gar nicht mehr beachten, wenn ich *das* tue, was ich viele Jahre nicht tun konnte: Ganz unbekümmert Kontakte aufnehmen und unter die Leute gehen.

Das dürfen auch Sie, wenn Sie jetzt wieder fernsehen können, Radio hören, etwas lesen oder Gespräche anhören. Sie müssen nicht mehr ängstlich sein, etwas »Unrechtes« zu hören. Ich werde Ihnen einmal die Geschichte von Milarepa (s. S. 126) erzählen, auch die zeigt eine Möglichkeit, mit Zwangsgedanken umzugehen.

*Liebe Grüße, Ihre Ulrike S.*

*Lieber Herr Bruno!*

Sie haben vom Therapeuten ein schönes »Bild« mitbekommen. Es soll Ihnen helfen, mit Ihren Gedankenzwängen umzugehen.

Sie stehen in einem Fluß. Der Fluß ist nicht tief und auch nicht gefährlich. Das Wasser fließt an Ihnen vorbei. Ab und zu bleibt ein Blatt, eine Pflanze, ein kleines Zweiglein oder auch mal eine lästige Schlingpflanze an Ihnen hängen. Mit etwas stärkerer Strömung werden diese wieder weggespült. Sie brauchen gar nichts zu tun. Sie brauchen nicht zu erschrecken, nichts kann auf Dauer an Ihnen haftenbleiben. Die Strömung wird das vorübergehend Hängengebliebene wieder mitnehmen.

Das ist ein Bild Ihres Bewußtseins! Es hilft Ihnen gut, so haben Sie berichtet.

Gestern haben Sie eine Zeitschrift in die Hand bekommen. Da war ein Artikel über Zwangsstörungen drin. An und für sich lesen Sie nicht gern über die eigene Krankheit. Zu groß ist die (unberechtigte) Angst, es könnte ein lästiges Wort oder ein aufdringlicher Satz an Ihnen hängenbleiben. (Wie hartnäckig und klebrig war doch das hochnäsige Wort *Enzyklopädie*, ist doch auch nicht viel mehr als ein Lexikon, oder nennen wir es ganz bescheiden Nachschlagwerk. Der Zwang hat es halt nicht mit der Bescheidenheit, dieser Übertreiber und Angeber.)

Zunächst berichtete in dieser Zeitschrift ein an Waschzwang Erkrankter. Das hat Sie nicht irritiert. Gegen Waschzwang fühlen Sie sich gefeit. Aber ein »Zählzwang« schilderte auch sein Leiden. Da sind Sie erschrocken. Das wiederum hat dem Zwang gefallen. »Er nimmt mich wichtig. Er hält mich für bedeutend«, hat sich dieser gefreut. Sie haben begonnen, in der Kärntner-Straße die Hausnummernschilder zu lesen. 15, 17, 19, 21, . . . Sie können ruhig die Straße zu Ende zählen. Unermüdlich und fleißig. Ich glaube nur, daß Ihnen das zu langweilig werden wird. Sie werden doch nicht all die hübschen Mädels für ein paar blöde Zahlen links liegenlassen. Aber sammeln Sie nur Ihre Zahlen, einen ganzen Sack voll! Zählen Sie, addieren Sie. Das ist gut fürs Gedächtnis! Wenn es Ihnen allerdings zu mühsam wird, dann lassen Sie es wieder bleiben.

So geht man mit dem Zwang um, wenn man ihn in seiner Eitelkeit beleidigen will.

Sie fahren am Wochenende nach München? Vergessen Sie den »Alten Peter« nicht, und schreiben Sie mir eine Karte! Es würde mich »wahnsinnig« interessieren, wie viele Stufen der Turm hat. Noch lieber hätte ich allerdings eine oder zwei oder drei oder vier Münchner Weißwürste!

*Ihre allzusehr auf Genuß bedachte Ulrike S.*

*Lieber Herr Bruno!*

Jetzt kommt die versprochene Geschichte. Ich habe sie vom Therapeuten bekommen und reiche diese gleich an Sie weiter.

Vorweg möchte ich etwas klarstellen: Nicht jeden Zwang kann man in der Vorstellung freundschaftlich anlächeln, umarmen, bemitleiden, ihm also positive Gefühle entgegenbringen. Aber es kann eine der Möglichkeiten sein, mit der Angst und Anspannung fertig zu werden und das ursprünglich so Bedrohende in neuem Licht zu sehen.

## Deinen Dämonen entgegentreten

Die Tibetaner erzählen sich eine wundervolle Geschichte, so heißt es.

*Der berühmte Meditationsmeister Milarepa lebte vor ungefähr 900 Jahren. Er machte fernab gelegene Höhlen im Himalaya-Gebirge ausfindig. Dort übte er seine Meditationen aus. Einmal befand er sich in einer Höhle, die von einer großen Anzahl von Dämonen bewohnt war. Diese störten ihn in der Konzentration seiner Übungen. (Dämonen bewohnten offensichtlich in jenen Tagen Höhlen; ohne Zweifel, um Betätigung zu suchen.)*

*Erst versuchte der Meister, sie zu bändigen. Diese aber machten keine Anstalten, sich vom Fleck zu rühren. Dann beschloß er, sie zu achten, indem er ihnen Freundlichkeit und Erbarmen zukommen ließ. Die Hälfte von ihnen verließ die Höhle. Den Rest hieß er aufrichtig willkommen und lud ihn ein, wiederzukommen, wann immer er wollte. Auf diese Einladung hin verschwanden alle wie ein Regenbogen. Mit Ausnahme von einem, der ein besonders wilder Dämon war. Milarepa ging geradewegs auf diesen Dämon zu. Er ging ohne Sorge um seinen Leib, ging mit äußerster Liebe und mit Mitleid zu ihm hin. Er legte seinen Kopf in dessen Maul, einem Opfer gleich. Der Dämon verschwand spurlos und kehrte niemals wieder zurück.*

Betrachten Sie die Geschichte von Milarepa das nächste Mal, wenn Sie mit Ihren eigenen inneren Dämonen ringen. Wenn Sie mit Gefühlen und Empfindungen kämpfen, die Sie ablehnen oder die Sie unangenehm finden. Stellen Sie sich vor, was passieren könnte, wenn Sie sie willkommen hießen, anstatt daß Sie versuchten, diese zu verscheuchen.

*Ich grüße Sie herzlich, Ihre Ulrike S.*

PS: Herr Bruno, Sie sind ein besonders ängstlicher Patient mit Zwangsgedanken. Das wissen Sie ja selbst, das wurde in der Therapie öfters besprochen. Die Vorgangsweise wurde darauf abgestimmt. Mit dem Walkman und Text auf Endlosschleife wollten Sie nicht herumlaufen. Weder zu Hause noch dort, wo ohnedies schon erhöhte Bereitschaft zu Angst besteht, wie (Vorschlag in einem Zwängebuch) beim Zahnarzt. Ich habe keine Zwangsgedanken (mehr), und ich fürchte mich nicht vor dem Zahnarzt. Trotzdem fände ich es eine Zumutung, wenn ich mich mit so einem Gehämmere in den Ohren gleichzeitig einer Zahnbehandlung aussetzen müßte.

Allein die Gedanken, die aufdringlichen und angstbereitenden, *bewußt heranzuholen*, war für Sie zunächst keine gute Methode.

Das Bild vom Fluß brachte die Wende. Der *sanfte Umgang* mit den Zwangsgedanken war es, was Sie brauchten. Auch die Vorstellung von den Wolken, den kleineren und auch den größeren, die am Himmel vorüberziehen, mochten Sie gern. »Keine noch so große Wolke kann sich auf Dauer vor die Sonne schieben«, das hat Ihnen heute der Therapeut gesagt. Eine beruhigende Vorstellung, auch für aufdringliche Gedanken.

Sie sind auf dem besten Weg, Sicherheit in einer neuen Erfahrung zu bekommen: Sie dürften auch den Kopf in das aufgeplusterte Mundwerk eines Zwangsgedankens legen, er könnte Ihnen ernstlich nichts mehr anhaben. Er hat ganz einfach seine Zähne verloren!

*Ihre Ulrike S.*

## Von Himmel, Hölle, Strafe, Seelenverkauf – Religiöse Zwänge

*Liebe Betroffene!*

Jetzt habe ich mich endlich dazu durchgerungen, ein kritisches Thema anzupacken. Kritisch ist es deshalb, weil ich dabei das

Thema Glauben nicht ausklammern kann. Von Himmel, Hölle, Strafe, Seelenverkauf und von aufdringlichen gottschmähenden Gedanken zu sprechen, ohne den Glauben mit hineinzunehmen, das ist unmöglich.

Neben mir liegt ein Zettelchen auf dem Schreibtisch. Da hatte mir einmal eine Patientin, die Daniela, ihre Nöte draufgeschrieben. Sie getraute sich nicht einmal, mir auch nur flüsternd anzuvertrauen, was sie zwanghaft bedrückte. Allzu groß war ihr Respekt vor dem strafenden Gott.

»Für alles Schöne, das ich erlebe, für alle Dinge, die mir etwas bedeuten, muß ich Gott meine Seele versprechen. Sonst lande ich in der Hölle.«

Anders ein junger Mann in Therapie, der Ferdinand: »Wenn ich jetzt vom Stuhl aufstehe, dann gehört meine Seele dem Teufel. Wenn ich eine CD anhöre, dann habe ich meine Seele dem Teufel verkauft. Wenn ich beim Hausaufgabenmachen die Seite umblättere, dann ist die Seele weg, und ich werde in die Hölle kommen.«

Ein anderer, der Adrian: »Ich muß das Licht zweimal anschalten, den Tisch zweimal wischen, die Treppe zweimal hinaufgehen, und das jedesmal, wenn ich einen schlechten Gedanken habe.« Unter einem schlechten Gedanken versteht er, sich einen Unfall in der Familie vorzustellen und dergleichen. Wenn er den Wiederholungszwang nicht ausführt, dann gibt es Strafe, und zwar von oben.

Was die Sache für Adrian, Daniela und Ferdinand noch bedrohlicher macht, das ist der sehr unsichere Zeitpunkt der Bestrafung. Wahrscheinlich liegt er in weiter Zukunft, denn die drei sind noch jung. So lange warten auf Gewißheit? Das ist nicht erträglich. Da hilft nur das Ritual, das Sicherheit vermittelt!

»Wenn ich dreimal auf Holz klopfe, dann geht alles gut.« Das ist Aberglaube. Man nimmt das mit dem Aufholzklopfen nicht so recht ernst und kann es tun oder auch lassen. Das ist wohl nicht mehr als eine spielerische Gewohnheit. Es ist dies der harmlose kleine Bruder des Zwangs, das kleine Alltagskörnchen, aus dem die Zwangsberge bestehen. Wer etwas vom Holzklopfen hält, der denkt sich vielleicht: Sicher ist sicher, nützt es nichts, schadet es nichts! Das Aufholzklopfen und dergleichen wird nicht sehr ernst genommen. Ist gerade kein Holz da, dann reicht auch ein Klopfen auf den eigenen Kopf. Man lacht. Die Sache ist erledigt.

Anders beim Zwang, der etwas von dieser Alltagszauberei als Grundlage nimmt. Die Zwangsangst macht daraus einen riesigen Zauberberg. Angst, Unsicherheit und Anspannung verursachen die Furcht vor den Folgen beim Unterlassen des Rituals. Von Freiwilligkeit ist nicht mehr die Rede. Der Handel mit Glück und Unglück, Himmel und Hölle erstreckt sich bis in die Ewigkeit, was auch immer der Patient darunter versteht.

Meistens treffe ich bei den Zwangspatienten auf ein Gottesbild vom strafenden Gott, der nur darauf lauert, dem Menschen ein Leid anzutun. Fällt der Begriff vom Barmherzigen Gott, dann gibt es oft sehnsüchtige Blicke, die bedeuten: »Schön wär's.«

An solch einer Einstellung wäre schon etwas zu verändern. Das käme der Therapie auch zugute.

Manchmal passiert auch Umgekehrtes: Das Gottesbild wird durch eine glückliche Therapie besser und angstfreier. So wie sich die gesamte Persönlichkeit durch den Zwängeabbau positiv verändert.

*Liebe Betroffene!*

Jetzt kommt die Praxis. Bei unserem »Wiederholungszwang«, dem Adrian, ist die Anweisung klar: einmal genügt, wiederholen kommt vom Zwang, nicht nachzugeben, auszuhalten (sagen Sie mir nicht, ich wüßte nicht, wie schwer das ist!). Das ungute Gefühl kommt vom Zwang und nicht davon, daß wegen des Unterlassens des Rituals etwas passieren könnte. (Bricht sich tatsächlich jemand in der Familie das Bein, so war das reiner Zufall.)

Der Ferdinand ist angehalten, das zu tun, was er gerade tun wollte: Zähne putzen, von einem Raum in den anderen gehen, die Freundin anrufen, bei der Hausaufgabe im Heft einen Strich ziehen.

Ich höre mich heute noch, während es dem Ferdinand bereits sehr gut geht, am Telefon sagen: »Weiter handeln, weiter machen, gerade so, wie Sie es im Moment beschließen und praktisch finden!«

An die Hölle kann ich nicht recht glauben. An die Hölle denke ich nicht. Und schon gar nicht an eine, in der jemand sitzt, der in der Hausaufgabe einen Punkt oder Strich gemacht hat, obwohl ihm das der Zwang verbot. Hölle ist bestimmt nicht das, was wir aus dem Volkschulreligionsbuch mitbekommen haben. Hölle könnte *freiwillig* gesuchte Gottferne sein. Wer diese Gottferne will, dem könnte Gottnähe nicht erträglich sein. Paradies ist das Vertrauen, daß Gott mich annimmt, trotz meiner Fehler und Schwächen.

Der Ferdinand jedenfalls hat seinen Weg gefunden, das ist gut. Sogar den Führerschein hat er gemacht und kurvt jetzt mit dem Auto herum. Da hat er nicht lange Zeit, um zwanghaft zu überlegen, ob er jetzt bremsen darf oder nicht!

Und Daniela? Die für alles Schöne und Gute, das ihr im Leben widerfährt (allzu viel ist das für einen Zwangspatienten ohnedies oft nicht), bestraft werden soll? Hoffentlich lernt sie glauben, daß Gott sich über jeden angenehmen Lufthauch freut, der ihr übers Gesicht streicht. Er ist kein Gott aus der griechischen Mythologie mit Gefühlen wie Neid und Haß.

Eigentlich könnte ich hier noch die Sache mit den *blasphemischen (= gotteslästerlichen) Zwangsgedanken* anschließen und Ihnen sagen, was ich darüber denke und wie wir in der Therapie damit zurechtkommen.

Allgemein gilt: Es ist zu trennen zwischen Behandlung der Erkrankung und dem Glauben an sich. Der Glaube ist eine gute Hilfe, sich ganz auf die Behandlung einzulassen. Ich würde allerdings nie zu einem Geistlichen gehen, um mir für eine Zwängetherapie raten zu lassen. Dafür ist der Fachmann zuständig. Schon gar nicht holte ich mir geistlichen Rat, wenn es um religiöse Zwänge geht.

Wir haben manchmal in Kirchen an Weihwasserbecken Übungen gemacht. Da kam es mir gelegen, daß uns kein Geistlicher beobachtet hatte. Und doch hatte ich keine Sekunde Zweifel daran, daß Gott unser »Treiben« guthieß. »Gott weiß schon, was wir da machen. Gott weiß schon, wie schwer Zwängetherapie ist.«

In dieser Haltung kann ich mich bei Übungen in die Hölle begeben. So kann ein Betroffener mit der Befürchtung umgehen lernen, in die Hölle zu kommen, weil er im falschen Moment geniest hat.

Das gleiche, liebe Betroffene, gilt für Zwängetherapie bei blasphemischen Gedanken. Um mit der Erkrankung von Zwangsgedanken blasphemischer Natur fertig zu werden, gibt es keine Tabus.

Ich kann den Mund auf- und zumachen und die ärgsten Gedanken gegen Gott formulieren und aussprechen. Mein Herz ist ja nicht dabei. Über all dem steht: Wenn unser Herz uns verurteilt – größer als unser Herz ist Gott, und Er weiß alles (1 Joh. 3, 19–20).

»Das Herz hat seine Gründe, die der Verstand nicht kennt« (Blaise Pascal).

Dabei habe ich erlebt, daß Patienten beginnen, am Formulieren gegen die Vorschriften des Zwangs Spaß zu finden und übermütig zu werden. Das braucht nicht zu beunruhigen. Sie rücken ja dem Zwang zuleibe (das wirkt befreiend), und nicht dem Herrn.

Wenn Sie eine Betroffene, ein Betroffener sind, der von gotteslästerlichen, aufdringlichen Gedanken geplagt wird, dann müssen Sie vorgehen wie sonst bei Gedankenzwängen auch. Nicht wegschieben, sondern herholen! Nicht nur in Gedanken zulassen, sondern auch mutig aussprechen. Sogar schriftlich niedergelegt haben wir so mancherlei »Schlimmes«. Wer den Zettel nicht gleich in tausend Stücke reißt oder verbrennt, der übt vorzüglich!

Wer einen vertrauensvolleren Glauben hat, nicht nur an die Hölle und den strafenden Gott, der tut sich bei solchen Übungen leichter. Da hilft das Vertrauen, daß Gott nicht kleinlich denkt, wie wir Menschen es oft tun.

Wer an nichts glaubt, braucht diesbezüglich ja auch nichts zu befürchten. Wer »irgendwas« glaubt, der könnte vielleicht etwas daran verändern.

*Ich grüße Sie herzlich, Ihre Ulrike S.*

*Lieber Herr Horst-Friedrich!*

Wenn ich an Ihre Zwangsbefürchtungen denke und an das, was Sie *wirklich* tun, dann sieht man wieder einmal, wie verrückt diese Krankheit ist. Wohlgemerkt – die Krankheit, nicht Sie!

Beruflich leisten Sie Bewundernswertes. Sie sind im Sozialbereich tätig auf eine Weise, die ich niemals schaffen würde. Sie sagen, daß Sie Ihren Beruf sehr mögen, und ich bin überzeugt davon, daß Sie darin äußerst tüchtig sind.

Das ist die eine Seite des Horst-Friedrich. Die gesunde, die eigentliche.

Zwangshalber stehen Sie mit einem Fuß vor Gericht, mit dem andern wandern Sie mehrmals täglich in die Hölle. Sie fühlen sich schuldbeladen und verantwortlich für »Gott und die Welt«. Der zwangskranke Horst-Friedrich sitzt am Schalthebel der Welt, ohne sein Dazutun läuft es nicht. Wie haben Sie mir das erklärt? »Wenn ich etwas tue, und ich habe dabei einen schlechten Gedanken, dann muß ich die Handlung wiederholen, bis sich ein Gefühl der Wiedergutmachung einstellt. Wenn ich einen schlechten Gedanken habe, dann muß ich mein Zwangsritual in Form von Wiederholungen einsetzen, sonst bin ich für Unheil verantwortlich.« Ganz kritisch wird es im religiösen Bereich, weil daheim zwar jede Menge an Weihwassergefäßen an den Wänden und Türeingängen herumhängen – nur mit Zuwendung und Barmherzigkeit ist es dort nicht gut bestellt.

Es gibt da etwas, was ich bei Ihnen und Ihren Leidensgefährten recht oft beobachte. Ich begegne dem autonom sein wollenden Menschen, der furchtbar hilflos und überfordert ist, weil ihm der Halt in Form eines Glaubens fehlt. Geglaubt wird meistens schon irgendwie und irgendwas. Aus dem »Glauben«, mit dem man sich kaum befaßt, wird nur die Hölle, der strafende Gott und der Teufel herausgefischt. Alles andere läßt man außer acht. Alles andere zu glauben, fällt zu schwer.

Horst-Friedrich, Sie sagen, ich sei halt sehr religiös. Schön wär's! Aber ohne Glauben an den barmherzigen Gott wäre die Welt für mich grau und kalt und nicht erträglich. Die Hoffnung darauf, daß dieses sehr schwere Leben nach dem Tod gut werden wird, die läßt mich manchmal erleichtert aufatmen. Diese Welt – das ist nicht alles, das ist gut! Daran glaube ich.

Horst-Friedrich, ich will in der Kotherapie nicht missionieren. Ich bin froh, daß ich mir diese Mühe nicht machen muß. Aber Sie – und viele andere Zwangspatienten auch – würden sich bestimmt leichter tun, wenn sie neben einer guten Therapie auch einen guten Glauben hätten.

Ich habe gesagt, *neben* der Therapie, weil Zwangserkrankung nun einmal zuallererst Zwangstherapie braucht.

Für mich gehört das Gespräch über Gauben in der Kotherapie manchmal auch dazu. Ich merke schon, ob es erwünscht ist oder nicht. *Kognitive* Verhaltenstherapie heißt die Therapie. Daß solche Erkenntnisse auch dazugehören, das sehe ich an den Gesichtern, die oft nachdenklich und sehnsuchtsvoll werden, wenn ich darauf hinweise, daß wir einiges an Last auch vertrauensvoll abgeben können. Nicht nur an den Therapeuten.

Patienten, die es wollen, bekommen solche Gedanken zur Therapie »dazugelegt«. Es ist eine Draufgabe zur auf die Zwanghaftigkeit abgestimmten kognitiven Verhaltenstherapie.

Sie kommen von weit und können nicht oft kommen. Ich werde versuchen, Ihnen bald wieder zu schreiben.

*Liebe Grüße, Ihre Ulrike S.*

*Lieber Herr Horst-Friedrich!*

Im Grunde genommen, vor allem, wenn es Ihnen stimmungsmäßig gutgeht, wissen Sie: Das, worunter Sie leiden, das sind Zwangsgedanken. Ein Gedanke bleibt immer nur ein Gedanke. Er hat mit einer Handlung nichts zu tun. Ein Gedanke kann keine Handlung bewirken.

Es sei denn, Sie wären abergläubisch. Sie ließen sich von Astrologie und Wahrsagerei, von schwarzen Katzen und Kometen am Himmel so beeindrucken, daß solch verrücktes Denken Ihre Handlungen beeinflußte.

Gestern habe ich im Fernsehen einer Dame zugehört, die äußerst überzeugend davon gesprochen hat, was für mich als eine im Sternzeichen des Skorpion geborene in nächster Zeit zu beachten sei. Erfolg in Liebesdingen hat sie mir vorausgesagt, da solle ich mich dahintermachen. Bitte wie – ich bin Oma. Wird mir vielleicht jemand beim Kinderwagenschieben Gesellschaft leisten? Naja, warum auch nicht? In Geldangelegenheiten solle ich die günstige Gelegenheit beim Schopf packen. Erfreuliches stünde mir bevor. Klingt gut, aber hier fehlt mir jegliche Eingebung, wie ich das angehen könnte. Es gibt keine Erbtante. Oder hat die Dame im Fernsehen Brieflose gemeint?!

Wer an Wahrsagerei und ähnlichen Unsinn glaubt, der könnte sich über solche »Eingebungen« im Tun durchaus beeinflussen lassen. Wer beim Autofahren an die unglückbringende schwarze Katze glaubt und deshalb das Lenkrad verreißt, der hat sich das Verhalten selbst eingebrockt.

Achtung, Horst-Friedrich, jetzt spricht wieder die Pädagogin! Die Intensität, mit der Sie Therapie machen, schmeckt wie lauwarme Suppe. Es stimmt, Sie haben die Anreise. Aber Sie haben zwei Leute, die Ihnen Therapie einbleuen (Entschuldigen Sie den harten Ausdruck, aber er trifft zu). So viele Therapiegespräche, Übungen, telefonische Hilfestellung und schriftliche dazu! Auch große Erfolge hatten sie, Sie stehen bei weitem nicht mehr am Anfang der Therapie. Zum Wohlbefinden durch Zwängeabbau fehlt halt noch einiges.

So ganz und gar können Sie die Hürde einfach noch nicht schaffen, daß der Sozialhelfer Horst-Friedrich wegen eines Zwangsgedankens ohne korrekt ausgeführtes Ritual nicht in die Hölle kommt. In die Hölle, weil Sie den Lichtschalter nicht zehnmal auf- und zugedreht haben? Weil Sie den Rosenkranz nicht in der Hosentasche haben? Weil Sie das Treppensteigen in Ihrem Haus nicht wiederholt haben?

Manchmal können auch Sie in der Therapiestunde zu dritt mitlachen. Da entwickelt der Therapeut eine Phantasiegeschichte: Stellen Sie sich vor, Sie kommen also wegen Ihrer »Vergehen« in die Hölle. Unten auf dem Bankl, da sitzen sie schon aufgefädelt, die Mörder, Kinderschänder, eiskalten Schwerstverbrecher. Sie selber, Sie werden erfreut empfangen. Man rutscht zusammen auf der Sünderbank, langsam wird es eng. »Na, was haben'S denn angestellt, junger Mann? Erzählen Sie uns was Tolles!« »Ich bin nicht zweimal das Treppenhaus auf- und abgestiegen«, so sagen Sie kleinlaut. Da können Sie Lacher hervorrufen, da haben die da unten Spaß. So erheiternd war es schon lange nicht mehr.

Wie die Phantasiegeschichte ausgeht, möchten Sie wissen. Sie bekommen einen Fußtritt, der Sie zurück auf die Erde katapultiert. Denn mit Ihresgleichen hat man da unten keine Freude!

Horst-Friedrich, im nächsten Brief wird's konkret. Da kommt die Praxis dran!

Bis dahin herzliche Grüße von Ihrem irdischen Plagegeist!

*Ihre Ulrike S.*

PS: Lieber Horst-Friedrich! Ich betreue eine Patientin, die hat auch so ihre Nöte mit Teufel und Hölle und Strafe. Das mit dem Teufel, das rede ich ihr mit zunehmendem Erfolg aus. Aber die Arme hat einen (netten, lustigen) Bruder, der sagt gern: »Der einzige, vor dem du dich fürchten sollst, das bin ich!« Dann lacht sie wieder!

*Lieber Horst-Friedrich!*

Am meisten plagen Sie die Weihwassergefäße in der elterlichen Wohnung. Beim Umgang mit diesen tobt sich der Wiederholungszwang am ausgeprägtesten aus. Diese Objekte der Volksfrömmigkeit im elterlichen Haus haben es Ihnen angetan. Ja, ich erinnere mich, die gab es auch in Ihrer eigenen Wohnung. Die hatten Sie wohl montiert, weil man ohne Weihwasserbehälter in der Wohnung vor Gott nicht bestehen kann. Mit Hilfe des Gesprächs in der Therapiestunde haben Sie sie wieder entfernt. Es reicht, wenn Sie die Zwangsübungen in der Wohnung der Eltern machen müssen.

Die Zwängelei läuft nun also auf diese Weise ab: Sie möchten das Haus der Eltern verlassen. Sie tauchen die Finger ins Weihwassergefäß an der Wohnungstür. Sie bekreuzigen sich. Jetzt kommt der entscheidende Moment, der Moment, der maßgeblich entscheidet, ob Sie das Leben im Jenseits im Himmel oder in der Hölle fristen werden. Wenn Sie es jetzt nicht schaffen, einen »guten« Gedanken zu haben, dann müssen Sie die Zeremonie wiederholen, wieder und wieder, bis der »gute« Gedanke sich während der »Weihwasserpantscherei« einstellt. (Horst-Friedrich, entschuldigen Sie den respektlosen Ausdruck. Aber mehr ist das ja nicht, was Sie da machen. Mit Glauben hat das null und nichts zu tun. Nur mit Angst. Angst hat im Glauben nichts zu suchen. Angst hatten die Kelten vor ihren Baumgöttern.)

Sie wiederholen also, bis der »richtige« Gedanke sich einstellt (z. B.: »Die Mutter soll hundert Jahre alt werden.«). Warum eigentlich diese Mutter, die nie für Sie eingestanden hat, die Sie nie vor dem gewalttätigen Vater beschützt hat? Die lieber ihre eigene Haut gerettet hat und den »Frieden« in der Familie bewahren wollte, als daß sie zum Sohn gehalten hätte. Die Sie, den Unsicheren, in eine unglückliche Ehe gedrängt hat, weil das der Familie finanzielle Vorteile brachte. Sie, der erst jetzt durch die Gespräche mit dem Therapeuten lernt, sich zu behaupten gegen soviel »Elternliebe« und »Mütterlichkeit«.

Nun zwängeln Sie und wiederholen und benetzen, bis entweder der »richtige« Gedanke sich einstellt oder Sie doch wieder Ihren Bus versäumt haben.

Warum helfen Ihre Eltern Ihnen wenigstens jetzt nicht? Sie beobachten und wissen, welche Rolle die Weihwassergefäße für Sie spielen und wie diese Ihnen zu schaffen machen. Zum Müll schmeißen würde ich die Dinger, wenn ein Liebes von mir dran zwängeln müßte. Ich täte das mit dem besten Gewissen, weil ich dran glaube, daß Gott mir lächelnd und wohlwollend zusehen würde. Müßte ich an »Ihren« Gott glauben, Horst-Friedrich, dann wäre ich lieber gottlos. Was soll das für ein Gott sein, der Ihnen solches auferlegt?

Bei religiösen Zwängen kommt man an Gesprächen über den Glauben (nicht Religion!) nicht vorbei. Sonst wird das nichts! Mit Zwangskranken über Glauben zu sprechen ist oft schwer. Sie bringen – außer sehr viel erlebtem Leid und Ängstlichkeit – oft wenig mit, was ihnen hilft, zu glauben.

Glauben heißt auch nichts wissen. Glauben heißt vertrauen können.

Ich betreue eine Frau, zu der sage ich gern: »Gell, du bräuchtest eben einen Computerausdruck darüber, daß die Bibel wahr, Gottvater barmherzig und die Hölle zumindest leer ist. Dann könntest du glauben.«

Noch etwas finde ich im Umgang mit religiösen Zwängen sehr schwer: Wir müssen oft Übungen machen, die den Zwang bekämpfen, die Krankheit. Wenn uns ein »Scheinheiliger« bei solchen Übungen zusähe, dann wären wir in dessen Augen für Verdammnis und Hölle fällig. Alle beide, Patient *und* ich. Weil auch ich diese »Blasphemien«, die keine sind, immer mitmache.

Hier versuche ich zu erklären: »Gott weiß schon, wie das gemeint ist. Gott findet gut, daß wir so toll üben. Gott freut sich, daß wir auf sein Verständnis, das anders ist als das der Menschen, vertrauen.«

Es gibt nichts, keine noch so arge Vorstellung, keinen noch so »gotteslästerlichen« Gedanken, den ich nicht in die Übungen mit hineinnehmen dürfte. Die Übungen sind Konfrontation mit dem Zwang, mit der Krankheit. Da gibt es keine Beschönigungen und Zimperlichkeiten, sonst steht der Zwang gleich wieder vor der Tür. Wer hier mutig übt, beweist dem Herrn, daß er ihm vertraut.

Doch all das soll ein unsicherer, stets zweifelnder, ängstlicher, verletzter Zwangspatient annehmen können?

Horst-Friedrich, jetzt habe ich einen Gedankenausflug gemacht, einen sehr ausgedehnten. Vielleicht könnten Sie sich ein ganz klitzekleines Bißchen an dem orientieren, was ich mir an solchen Gedanken angeeignet habe.

Horst-Friedrich, mir raucht der Kopf. Ich habe mich da auf gefährliches Territorium begeben. Aber ich habe ganz einfach gesagt, was ich mir denke. Jetzt kommt die Praxis doch erst im nächsten Brief dran. Dann aber wirklich!

*Liebe Grüße, Ulrike S.*

*Lieber Horst-Friedrich!*

Freiheit ist, nicht tun zu müssen, was man nicht tun will! Und jetzt krempeln wir die Ärmel hoch und lernen zu erfahren, was *Sie* eigentlich *wirklich* wollen. Geben Sie sich keinen Illusionen hin! Geredet haben wir genug, jetzt geht's ans *Tun*.

Das ist nicht so einfach, denn Sie wohnen weiß Gott wie weit entfernt. Das kann man schon Ihrem Namen entnehmen.

Wenn Sie uns besuchen und Therapie ganz praktisch machen, dann müssen wir improvisieren. Die häuslichen Weihwasserbehälter haben wir nicht zur Verfügung; auch nicht Ihr Treppenhaus, die Lichtschalter daheim, all Ihre Wiederholungsmöglichkeiten, die Ihnen vertraut sind. Üben unter erschwerten Bedingungen ist das, aber das geht auch.

Ich wiederhole Ihnen, wie wir es gemacht haben. Das tut Ihnen gut, weil Ihnen das Geschriebene zusätzlich Sicherheit gibt. Mein Brief an Sie sagt Ihnen: »So haben wir es damals gemacht. So darf ich es heute auch tun. Die Frau S. wird schon richtig einschätzen, was ich tun darf. Langsam bekomme ich sogar selber ein Gefühl dafür, was mir gut tut, um gesund zu werden.«

Alle Skrupulösen weghören. Jetzt kommen unsere Übungen!

Wir sitzen am Kaffeehaustisch. Wir haben uns ein stilles Plätzchen gesucht. Muß ja niemand sehen, was wir anstellen. Blöd, wir haben kein Weihwasser, was tun? Geht doch auch mit normalem Wasser, hier hilft die ausgeprägte Phantasie des Zwanghaften. Ein Glas Wasser, bei uns immer serviert zum »Kleinen Braunen« (= eine Tasse Kaffee).

Ach, Horst-Friedrich, ich erinnere mich so gern. Sie haben gottergeben die Augen verdreht. Sie haben Ihre Finger ins Glas getaucht. »Die Elke soll einen Unfall haben! Irgendwann. Ich weiß nicht, wann« (Kontrolle ganz ausschalten). Das haben Sie gehaucht und verstohlen mit dem Wasser ein Kreuzzeichen angedeutet.

Ich habe mir gedacht: »Jetzt fällt er vom Hocker, das steht er nicht durch.« Herzklopfen hat Ihnen die Übung sicher bereitet, aber vom Hocker gefallen sind Sie nicht. Auch sonst ist nichts passiert. Die Elke hat keinen Unfall gehabt – unser Üben ist nun schon sehr lange her. Und wenn doch? Und wenn es erst noch passiert? In zehn Jahren erst oder gar noch später? Dann hat das mit unseren Übungen nichts zu tun. Dann war das eben Zufall. Die Elke hätte in solch einem Fall beim Fahren besser achtgeben sollen; oder sie hat Pech gehabt und ist einem Raser begegnet; oder ihr Fahrzeug war defekt; oder sonstwas war die Ursache. Sie mit Ihren Gedanken jedenfalls nicht, Horst-Friedrich. Denn Gedanken können nichts bewirken, nicht einmal, wenn man sie ausspricht, aufschreibt, lauthals singt oder wütend herausschreit (weil einem die »Zwängelei« so wahnsinnig auf die Nerven geht) . . .

Nun, ich komme ja auch noch dran. »Vorbildhaft« riskiere ich das Wohl meiner Lieben! Fein ist es nicht, solche Dinge auszusprechen. Es klingt eben nicht schön, wenn man auf diese Weise üben muß. So gut hörbar etwas auszusprechen, nein, sogar als Wunsch zu formulieren, was ganz und gar gegen den Strich geht. Das braucht etwas Mut. Und halt eben Vertrauen.

»Was tu ich nicht alles für meine Zwangspatienten«, so habe ich geseufzt.

Da haben wir gelacht und uns schon recht gut gefühlt. Bei mir geht das sehr schnell, es ist ja nicht mein Zwang. Bei Ihnen, Horst-Friedrich, hat es wieder Gespräch gebraucht, um die Notwendigkeit und Harmlosigkeit des Gewagten zu untermauern.

Dann kam die Übung für sehr Fortgeschrittene. Die Übung in der Kirche. Hoffentlich versteht der Herr Pfarrer etwas von Verhaltenstherapie bei Zwängen – falls er uns beobachtet!

Es ist früher Nachmittag, die Kirche ist fast leer. Vier riesengroße Weihwasserbehälter gibt es da, an jedem Eingang einen. Gefüllt mit geweihtem Wasser. Ich kann ahnen, wie Ihnen zumute ist. Horst-Friedrich, ich war stolz auf Sie. Ich habe mich so gefreut, daß ich am liebsten einen Luftsprung gemacht hätte. Wir waren schon ein tolles Therapiepaar da drinnen in der stillen Kirche. Viermal die Übung mit Themenwechsel. Die beiden letzten Weihwasserbrunnen mußten Sie in Eigenverantwortlichkeit durchstehen. Da war ich nicht mehr mit dabei.

Ich versuche, das Üben immer so zu halten: Einerseits biete ich das Vorbild an, das ich in der Verhaltenstherapie für ungemein wichtig halte. (Delegieren von Verantwortung, sagen manche. Und wenn schon. Zwängetherapie ist für die Betroffenen so unheimlich schwer. Weshalb sollten sie sich in der Anfangszeit nicht auch am Therapeuten orientieren? Wenn dies doch den Einstieg in die Therapie ermöglicht und auch später noch zusätzlich Mut macht! Später gelingt dieses Lernen dann auch an anderen Bezugspersonen, an Freunden, am »Mann von der Straße«.)

Wenn Sie, Horst-Friedrich, die beiden letzten Übungen in der Kirche im Alleingang geschafft haben, dann sicher nur deshalb, weil wir zunächst gemeinsam »Schlimmes« gemacht haben.

Sicherheit und das Gefühl von Partnerschaft vermittelt das Vormachen durch den Therapeuten.

Sie haben all das später geschafft, da bin ich gar nicht mit in die Kirche gegangen. Ich habe draußen auf der gegenüberliegenden Straßenseite auf Sie gewartet.

Irgendwann einmal konnten Sie dann auch im Elternhaus auf diese Weise üben.

Tun Sie das noch, Horst-Friedrich? Ich warne Sie, Sie spielen mit dem Feuer. Nicht mit dem Höllenfeuer, sondern mit Ihrer psychischen Gesundheit. »Zwängler kommen sowieso nicht in die Hölle«, das betone ich immer wieder einmal. »Sie werden sehen, wir treffen uns im Himmel in der Zwänglerecke. Was wir auf der Erde erlebt haben, das hat gereicht.« Vorsicht bei solchen Spekulationen! Der Himmel rückt nicht näher, je ärger gezwängelt wird!

Hilfe zum Ausgang dieses Briefs, Horst-Friedrich: Ein Gedanke bleibt immer nur ein Gedanke. Ein Gedanke bewirkt nichts – ich muß nichts tun.

Ich verabschiede mich von Ihnen, Horst-Friedrich! Falls Sie mich brauchen, kennen Sie meine Telefonnummer.

Was ich Ihnen noch sagen wollte ist dies: Es war klug von Ihnen, für Ihre Zwänge einen Therapeuten aufzusuchen. Sie litten (oder leiden noch etwas) an einer Krankheit. Eine Krankheit gehört zum Therapeuten.

Ich wünsche Ihnen alles Gute. Melden Sie sich wieder einmal, das würde mich freuen!

*Ihre Ulrike S.*

## Zwanghafte Befürchtungen rund um Schuld, Verantwortung und Sexualität

*Liebe Betroffene!*

Ich habe lange hin und her überlegt, ob ich Herrn Vinzenz einen Brief schreiben sollte, jetzt, da seine Therapie praktisch beendet ist. Seine Zwangsbefürchtungen waren schon recht eigenartig.

Ob andere Betroffene diese verstehen würden? Ob sie Nutzen davon hätten, wenn ich von der Krankheit und Therapie des Herrn Vinzenz erzählte?

Wissen Sie was? Ich setze mich einfach hin und schreibe frisch von der Leber weg an Sie, die vom Zwang Betroffenen. Vielleicht wird es ein brauchbarer Bericht über die übergroße *Sorge für Leben* seitens des Herrn Vinzenz. Und auch hier natürlich, wie könnte es anders sein, um seine Überzeugung, daß niemand so perfekt und ausschließlich für Leben verantwortlich sein könne wie er.

Nicht genug damit – Herr Vinzenz litt auch noch unter ausgeprägten Sexualzwängen (die Frau – so begehrt und so gefürchtet! Was ist Sünde, was darf sein?), wobei sich die zwanghaften Befürchtungen rund um die Sexualität immer wieder mit den Befürchtungen um die Verantwortung für Leben vermischten.

Ein Embryo ist so winzig klein und verletzlich. Wie kann man darüber Kontrolle haben? Wie ihn schützen? Auch die Entstehungsgeschichte von diesem Winzling ist recht unsicher. Ist bereits Leben da oder noch nicht?

Vielleicht können Sie, liebe Betroffene, nachvollziehen, was ich da sage: Die zwanghafte Vorstellung kennt noch andere Möglichkeiten, Leben entstehen zu lassen, als den Geschlechtsverkehr (und die künstliche Befruchtung). Der diesbezüglich Zwanghafte mag glauben, auch im Schwimmbad, auf einer Toilette, vom Fleck auf einem Sessel und vielem anderen mehr schwanger werden zu können oder eine Schwangerschaft zu verursachen. Die Phantasie des Zwangs kennt halt leider keine Grenzen!

Nun, werden so manche von Ihnen sagen, Verantwortung für Leben haben doch so viele Zwangskranke. Da ist die Mutter, die Angst um ihre Kinder hat, weil diese mit Batterien spielen, die sie für ihre kleinen Fahrzeuge brauchen. Ich habe schon einige Lebensjährchen hinter mir, doch erst vor zwei Jahren wurde ich zwangsweise belehrt, daß eine Batterie einer tickenden Bombe gleichzusetzen wäre. Der dies behauptete, war natürlich ein giftängstlicher Zwangspatient. Der Zwang, der riesengroße Übertreiber! Er tut, als ob die Kinder die Batterien aufknackten und sie ausschlürften wie Austern. Doch für die noch zwanghafte Mutter ist auch das Angst um Leben.

Da gibt es den Familienvater, der Gesundheit und Leben seiner Familie in Verantwortung zu haben glaubt, wenn er sich »falscher Gedanken und Bilder« nicht erwehren kann. Und weil das Ritual in Form von Mantelrein- und Mantelrausschlüpfen und Mantelrein- und Mantelrausschlüpfen ... nicht gelingen will, deshalb sollten all die Menschen, die ihm lieb sind, verunglücken? Ist das magisches Denken? Oder ganz einfach die verzweifelte Suche nach einer Möglichkeit, vom Zwang auferlegte Verantwortung zu bewältigen? Maßlos überspitzt ausgeführt, so wie es dem Zwang halt gefällt. Noch besser, noch genauer soll das Ritual ausgeführt werden, damit es »hilft«.

Ist das nicht *auch* Sorge um Leben? Sicher, das ist es. Dies zu beschreiben hätte ich keine Schwierigkeiten.

Doch bei Herrn Vinzenz tue ich mich bei der Beschreibung seiner Ängste schwerer. Er hatte Sorge und alleinige Verantwortung um *alles, was Leben ist* und um *alles, was nach Leben aussieht.* Da war ein Mensch, den er im Straßenverkehr nur ungenau registrieren konnte. Oder ein Schatten hinterm Baum. Oder ein menschenähnliches Muster auf dem Asphalt. Oder etwas, das im Fluß schwamm, und er konnte es nicht definieren. Ist das ein Baumstamm, wie er halt bei Hochwasser gern den Fluß hinuntertreibt, oder ist das ein (von ihm!) zu rettender (falls noch lebender!) Körper? Dabei kam ihm nicht in den Sinn, den Kopfsprung ins Wasser machen zu müssen, um zu retten. Nein, er mußte »nur« melden. Übersehen, das durfte er auf keinen Fall. So eine Nachlässigkeit kam für ihn nicht in Frage. Herr Vinzenz sah Rotes und dachte an Blut vom Unfall. Hätte er aufmerksam machen oder melden müssen? Ein Flugzeug ließ ihn an Absturz denken, und ein Arbeiter auf dem Baugerüst brauchte den sich sorgenden Blick von Herrn Vinzenz.

War Herr Vinzenz ein Samariter, der sich ständig im Einsatz befand? Ständig im Einsatz, das ja, denn der Zwang ließ ihn selten in Ruhe. Ein Samariter war er nicht. Denn es ging ihm weniger um das Wohl der andern, als um *seine* »weiße Weste«. Rein wie eine Nonne wollte er sein. Reinheit schien ihm die höchste aller Tugenden.

Herr Vinzenz brauchte keinen Erste-Hilfe-Kurs, um den Zwang zufriedenzustellen. Was er brauchte, das waren scharfe Augen zum Registrieren, ein ausgeschlafener, wacher Geist zum Alleswahrnehmen in kritischen Situationen. Denn seine Aufgabe war eben das Melden, das Registrieren, das Aufmerksammachen, das Nichtübersehen. Kurz: das *Schuldlosbleiben.* Er war derjenige, der Rettung, Polizei und Feuerwehr herbeiholen mußte und eigentlich die Rolle von Dustin Hoffman spielte in dem Film »Ein ganz normaler Held«. Der schreit und krakeelt ganz wild nach einem Flugzeugabsturz, weil die »Zuständigen« seiner Meinung nach nicht schnell genug da sind. Er selbst macht als Helfer keinen Finger krumm.

So war auch Herr Vinzenz in zwanghaften Situationen kein wahrer Samariter, der selbst zugreift.

Ich habe ihn dreimal in realen Situationen beobachtet, da hätte er zupacken können. Sicher hätte er auch ganz gern geholfen. Herr Vinzenz war im Grunde ein gütiger Mensch, der gern Freude machte und auch bemerkte, wenn ich nach Übungen hundemüde war. Aber in für ihn kritischen Situationen konnte er oft nicht helfen, weil seine zwanghafte Verantwortung für Leben auch mit Berührungsängsten und Waschzwang verbunden war, oder es war der Sexualzwang dagegen, wie damals, als eine *Frau* auf der Straße gestürzt war.

Nein, es ist für Zwanghafte nicht so leicht, Samariter zu sein. Ein Umstand, der das schlechte Gewissen oft noch zusätzlich nährt.

Der Zwang ist oft wenig nächstenliebend, sondern geschieht aus Angst vor negativen Konsequenzen (Krankheit, Hölle, Gefängnis, Verlust von lieben Menschen, materieller Verlust usw.) für die eigene Person. In der Therapie sollte Herr Vinzenz dann lernen, der »Antisamariter« sein zu *dürfen*, der sich nicht für alles zuständig fühlen muß. Aber davon erzähle ich Ihnen später.

Vorweg möchte ich Ihnen versichern, daß es Herrn Vinzenz heute, nach intensiver Verhaltenstherapie mit hilfreichen Gedanken, also der sogenannten kognitiven Verhaltenstherapie, gutgeht. Die Zwänge sind in der Therapie kaum mehr ein Thema.

Was jetzt noch unterstützungsbedürftig ist, das sind die natürlichen Anforderungen des Lebens. Beziehungen, Partnerschaft, Beruf, Selbständigkeit – das sind Bedürfnisse, die jetzt auftauchen. Daß Herr Vinzenz keine berufliche Karriere machen wird, daß er nicht unbedingt eine Familie gründen sollte, weil ihn dies überfordern würde, das kann er jetzt schon akzeptieren. Er hat viel gewonnen. In manchen Vorstellungen für sein Leben mußte er bescheidener werden. Das ist ein Teil dessen, was ich unter einer Demutshaltung verstehe.

Die Kotherapie ist beendet. Wenn Herr Vinzenz noch Hilfe braucht, so findet er diese beim Therapeuten.

Ich wollte Herrn Vinzenz zum Abschied noch einen Brief schreiben, das habe ich anfangs erwähnt. Dieser sollte auch allerhand Hilfreiches enthalten. Aber will er wirklich einen Brief bekommen? Will er an so manches wieder erinnert werden? So sehr er die Therapie gesucht hatte, so schwer war es ihm gefallen, seine skurrilen Zwänge auf den Tisch zu legen. Denn ein bißl gar eitel und eingenommen von seinen Geistesfähigkeiten war er schon.

Therapie ist sowohl für einen Zwangspatienten äußerst fordernd als auch – meistens – für Therapeut und Kotherapeut.

Ich sehe ein Bild vor mir, das aus der Zeit der Anfänge der Kotherapie mit Herrn Vinzenz stammt. Da geht er über die Straßenkreuzung und hebt, vorsichtig wie ein Storch, die Füße auf.

Er muß, höchst konzentriert, achtgeben, daß er auf »nichts Unrechtes« tritt. Das »Unrechte« könnte Leben in *irgendeiner* Form sein. Liebe Betroffene, Sie finden das allzu komisch?

Ich fand die Symptome von Herrn Vinzenz auch ungewöhnlich zu Beginn dieser Kotherapie. Der Zwang von Herrn Vinzenz hatte im Verlauf von vielen Jahren Zeit, sich immer raffinierter auszubilden. Erst war Überverantwortlichkeit da, bis eine Zwangserkrankung die Erfordernisse an Aufmerksamkeit für Leben auf die Spitze trieb.

Ich mußte seinerzeit auch viel auf die Straße schauen. Der Inbegriff von für mich Ekeligem, das Ausgespuckte, hatte mich damals massiv verfolgt.

»Sie hatten es gut«, hat einmal eine Patientin zu mir gesagt, »Sie hatten ›nur‹ Angst vor Schmutz. Ich habe Angst vor Gift und damit die Verantwortung für meine Familie.«

»Sie hätte ja eigentlich recht, wenn der Zwang eine reale Angelegenheit wäre«, so hatte Dr. Crombach erklärt. »Auf die Angst, die Sorge und Anspannung kommt es an, und die kann gleichviel da sein, ob es sich nun um zwanghaften Ekel, um zwanghafte Verantwortung oder sonstige Zwangsbefürchtungen handelt.«

So haben Herr Vinzenz und ich und die vielen anderen geplagten Kämpfer auf der Straße Spießrutenlaufen müssen, um »irgendetwas« zu umgehen. Endstation war das gehütete Heim. Auch bei Herrn Vinzenz, der fürchtete, »irgendetwas« über die Schuhsohlen in sein Heim einzuschleppen.

»Niemand schaut mich an, niemand bemerkt mich«, so klagte einmal eine durchaus bemerkenswerte junge Frau, mit der ich eine Straßenübung machte. Ihr ängstlicher Blick mußte stets das Straßenpflaster kontrollieren. Kein Wunder, daß sie sich übergangen vorkam.

So »durfte« sie als Übung allen Männern, die ihr entgegenkamen, einen Blick schenken. Der Gewinn der Übung war ein doppelter!

Jetzt kommt ein echter Stoßseufzer von mir. Es war wirklich nicht leicht, Herrn Vinzenz als Persönlichkeit durch die Kotherapie zu führen (bzw. zu ziehen, zu schieben und zu überreden). Ein eitler Kopfmensch war er (manchesmal eine männliche Eigenschaft?!), der das meiste besser wußte. Ziemlich »überdrüber« war er und deshalb beim Üben mehr als emotional. Man konnte uns bei den Auswärtsübungen nicht übersehen! Auch mal aggressiv gegen mich war er, als ob ich die Schuld an seinen Zwängen hätte.

»Machen Sie sich nichts draus«, meinte der Therapeut. »Im Grunde genommen meint er in seinem Verhalten nicht Sie, sondern seine Ursprungsfamilie.« Aber weshalb mußte *gerade ich* das ausbaden?

Es kommt schon vor, daß ich am Abend sehr müde bin. Frustriert bin ich selten. »Warum tun Sie sich das überhaupt an?« wurde ich auch schon gefragt. »Weil es der schönste Job ist, den ich mir für mich vorstellen kann.«

Einmal machte Herr Vinzenz eine Übung auf dem Stadtturm. Wir sind zusammen hinaufgeklettert und haben aus großer Distanz auf all das geblickt, was Herr Vinzenz gern aus nächster Nähe unter die Lupe genommen hätte. Wie es in der Therapie der Brauch ist, habe ich ihn dann seinem Schicksal überlassen. Er mußte allein auf dem Turm bleiben, ich bin wieder hinunter. Herr Vinzenz steht also oben auf dem Turm und ich herunten auf der Straße. Seine Bewegungen sind noch kontrolliert und ein wenig steif. Das kann ich von unten sehen. Der Blick kann noch nicht gleiten, sondern hakt sich ein von Bild zu Bild. So wie bei einer Patientin, die von sich sagt, sie bewege sich im Haushalt wie ein Roboter. Nur nichts Spontanes und Zufälliges! Kontrolle ist alles!

Ich winke und winke, Herr Vinzenz sieht mich nicht. Ich weiß, weshalb: Er vermeidet, der »Schlimme«. Er wagt es nicht, so ganz alleingelassen, auf das Pflaster herunterzuschauen. Eine Frau neben ihm zupft ihn am Ärmel, das kann ich sehen. Sie weist Herrn Vinzenz drauf hin, daß da unten wer winkt. Da sieht er mich und schwenkt ganz ausladend mit den Armen. Wie ein Vogel, der abhebt zum Fliegen. Frei schaut er aus, ich denke, er ist glücklich. Gehört doch auch zu meinen Therapiekindern, der »unmögliche« Herr Vinzenz.

Sehen Sie, und deshalb »tue ich mir das an«!

Die Kotherapie hatte etwa sechs Monate gedauert, wobei die Begegnungen anfangs zwei- bis dreimal pro Woche stattgefunden haben. Auch die Betreuung per Telefon war in der ersten Zeit sehr intensiv. All die Übungen zu beschreiben, hätte wenig Sinn. Sie wissen, daß die Unsicherheit im Detail ungeheuer viele kleine Bemühungen in der Therapie braucht. Deshalb bin ich dafür, vielen Zwangspatienten in Therapie eine großzügige Kotherapie anzubieten.

So erzähle ich Ihnen nur von Schritten, die mir aus der Therapie von Herrn Vinzenz besonders in Erinnerung sind.

Vorweg kann ich sagen – und ich denke, Herr Vinzenz würde mir beipflichten –, wir haben auch Heiteres erlebt.

Wir haben viel in Tiefgaragen geübt. Die waren schwer, denn hier fehlt das Tageslicht und somit die genauere Kontrolle über das, was der Zwang in seiner gigantischen Phantasie dem geplagten Vinzenz einzureden versuchte.

Aber da war noch etwas in den Garagen, das mochte Herr Vinzenz ganz und gar nicht. Das waren die dicken Säulen, die dem Autofahrer beim Einparken ständig im Weg sind. Mir jedenfalls ganz sicher! Diese Dinger da unten spiegeln die verschiedensten Farbspuren. Je nachdem, welcher Autolack mit der Säule auf Tuchfühlung gegangen war.

»Hast wieder gemalt?« heißt es in unsrer Familie schadenfroh, wenn das Auto Kratzer im Lack hat. Fein, wenn es nicht ausschließlich einem selbst passiert!

Auch mit Rot wurde an diesen Säulen »gemalt«. Ist das Blut oder was!? Heute sind wir mutig und sagen: »Das ist Blut, was sonst, du blöder Zwang!« Wir üben also das Maximum. Kein Platz für Zweifel, heute darf »alles« sein.

Was machen wir mit der Säule? Herr Vinzenz tupft sie vorsichtig an. Nein, das bringt nichts. Vorsichtig antupfen heißt bloß: Hier ist etwas gefährlich und bedeutungsvoll. In der Therapie muß man *ordentlich* anfassen. Richtig zugreifen.

»Mögen Sie Fangenspielen?« Ja, Herr Vinzenz mag das eigentlich sehr gern. »Warum nicht jetzt? Rund um die Säule, nach links herum und nach rechts herum. Fangen und gefangenwerden.« Wer um eine Säule fangenspielt, der *muß* sie anfassen, sonst ist er der Verlierer. Da unten in der Garage ging's zu wie auf dem Spielplatz. Das war ein Gelächter und Gekreische. Wer dachte da noch an Zwang samt Verbot, Einengung, Kontrolle, Verantwortung, Schuld, Berührung, an Waschen ...?

Der Zwang hat im letzten Eck der Tiefgarage gesessen, war stockbeleidigt und hat neidig herübergeschaut zu uns zwei nun wirklich Närrischen. Nach dem »Spiel« kam das Gespräch. Denn weshalb wir so ungezwungen mit Blut oder was auch immer umgehen dürfen, das wollte Herr Vinzenz dann doch noch einmal ganz genau wissen. Hinterher kommen Bedenken, vor allem wenn man später allein ist. Dann will man diesen Bedenken (oder Ängsten oder Anspannungen) Antworten entgegensetzen. Die »Hilfsgedanken« (so nenne ich sie) oder auch die unterstützenden Gedanken, die zur Therapie von Herrn Vinzenz gehörten, will ich an anderer Stelle zusammenfassen.

Daß ich so eine spielerische Übung nie mit einem depressiven, bedrückten Menschen machen würde, versteht sich von selbst.

Soll ich Ihnen nun erzählen, daß wir auch auf dem Friedhof geübt haben? Warum auch nicht! Dem Zwang ist in seiner unverschämten Phantasie nichts unmöglich.

Deshalb kann er auch vorgeben, daß einst lebendig Gewesenes noch nicht ganz, ganz, sicher und hundertprozentig tot ist.

Dem Herrn Vinzenz hatte der Zwang solche Vorstellungen eingeflößt, deshalb müssen wir das respektieren und sein Leiden ernst nehmen. Beim Zwang geht's nicht um die Frage, *wie* »verrückt« eine Befürchtung ist, sondern daß diese Leiden verursacht.

Vielleicht ist es gut, daß ich Ihnen von Herrn Vinzenz erzähle. Was ein Kontrollzwang am Herd ist, das wissen viele. Daß es auch eine zwanghafte Verantwortlichkeit gibt, die nicht mehr zwischen tot und lebendig zu unterscheiden weiß, um sich ja nichts zuschulden kommen zu lassen, das habe ich bei Herrn Vinzenz erfahren.

Ich wende mich an Sie, liebe Betroffene. Schämen Sie sich nicht Ihrer Zwänge, und suchen Sie eine Therapie! Wer das Pech hat und auf Unverständnis stößt, der soll nicht verzagen und sich einen »richtigen« Therapeuten oder eine »richtige« Therapeutin suchen. Therapeuten, die beim Erstgespräch bei der Schilderung Ihrer Zwänge erstaunte Augen machen und sagen:

»Na so was, was es nicht alles gibt«, haben keine Erfahrung und kein Einfühlungsvermögen.

Nun zurück zum Friedhof. Es ist Abend. Eine besondere Leistung, daß Herr Vinzenz überhaupt hier ist, er war schon seit einer Ewigkeit nicht mehr an diesem Ort. Und dann noch bei Nacht! Alles ist möglich, sagt der Zwang. Und trotzdem sitzen wir nebeneinander auf der Randeinfassung eines Grabs. Wir haben Hosenbodenkontakt mit der Erde, die Zweifel verursacht. Später werden wir unsere Hosenböden in die Wohnung von Herrn Vinzenz tragen und dort sicher ein, zwei Bröselchen Graberde verteilen. Ein bißl darf sein, nicht wahr? Was immer es auch sei!

Der Friedhof liegt etwas über der Stadt. Unten glänzen die Lichter. Eigentlich ist es schön und friedlich hier. An manchen Gräbern brennen Kerzen, Blumen werden noch gegossen.

Auch Herr Vinzenz wird ruhiger. Wir betreiben an einem recht ungewöhnlichen Ort Übung und gedankliche Bearbeitung. Das heißt, Herr Vinzenz erfährt, weshalb wir hier sitzen müssen und dürfen und können und wollen ... Und daß deshalb *gar nichts passiert,* außer, daß er auf dem besten Weg ist, gesund zu werden. Vinzenz wird ruhig und auch ein wenig traurig. Er hat viel versäumt in seinem Leben, daran führt kein Weg vorbei. Die jungen Jahre hat er dem Zwang opfern müssen, da war nicht viel Platz für Freude. Das ist vorbei und läßt sich nicht hinwegdiskutieren. Aber er hat eine zweite Chance bekommen, und ich hoffe, er wird diese sehr bewußt erleben.

Denn auch er ist der heimliche Held im Kampf gegen die »heimliche Krankheit«.

Nun noch zum Gedanklichen. Herr Vinzenz hätte sich am liebsten ausschließlich mit »Gedanklichem« befaßt. Es hätte ihm genügt darüber zu *diskutieren*, weshalb er nicht jeder Zwangsvorstellung auf die Spur gehen muß. Weshalb er auch in der Abenddämmerung auf die Straße gehen darf, ohne die Taschenlampe zum Kontrollieren des Asphalts mitnehmen zu müssen. Ihm hätte die Bearbeitung im Gespräch genügt, daß Menschen im allgemeinen auf sich selbst aufpassen können.

Aber das Reden allein genügt einfach nicht. Wenn Herr Vinzenz mich zum Kaffeetrinken in seine Wohnung überreden wollte, um ein Gespräch zu führen, dann habe ich ihn eben auf die Straße locken müssen. Das Gespräch ist trotzdem nie zu kurz gekommen, außerdem gibt es dafür ausreichend Raum in der Therapiestunde.

Wir gehen an der Flußpromenade entlang. Dort gibt es viele Büsche. Büsche können lästig sein, denn sie sind unübersichtlich. Der Zwang von Herrn Vinzenz könnte nun sagen: Hinterm Busch liegt ein Neugeborenes. Wenn's blöd zugeht, schreit gerade auch noch ein Kind in der Nähe. Herrn Vinzenz wird es heiß und kalt. Er möchte nachschauen, den Busch umkreisen, unter die Zweige kriechen und absuchen. Heute darf er nicht, denn er ist »auf Übung«. Er protestiert. Weshalb darf er nicht? Es könnte doch *wirklich* sein! Es werden schon mal ausgesetzte Neugeborene gefunden.

Schau schnell, dann geht's dir besser, sagt der Zwang. Du machst dich schuldig, sagt der Zwang.

Herr Vinzenz muß vorbeigehen. Das ist für ihn sehr schwer. Wir wollen auch nicht gleich darüber reden, weshalb er vorbeigehen darf und muß. Er soll – das gehört zur Übung dazu – die Angst und Anspannung *erleben*. Er kann durch die zunächst erlebte Angst erfahren, daß diese in der Folge vergehen wird – auch wenn er das früher übliche Ritual des Kontrollierens *nicht* ausübt. Er muß also nicht hinterm Busch ein Findelkind suchen gehen, um die Angst loszuwerden.

Herr Vinzenz hat in den ersten Wochen der Therapie so oft gegen Übungen protestiert, daß ich überhaupt nicht mehr verstanden habe, was er eigentlich wirklich will. Endlich einmal hat er mir seine Proteste erklärt: Wenn er Widerstand leistet, so hat er spekuliert, dann fühlt er sich weniger schuldig. Dann hat er wenigstens kundgetan: Ich persönlich will das eigentlich alles nicht tun; mehr oder weniger werde ich zu diesen »Verantwortungslosigkeiten« gezwungen. Ein bißl eine Reinwascherei und somit Vermeidung waren seine Proteste. Ja, Herr Vinzenz hatte Riesenmühe, auf seiner weißen Weste ein paar Flecken zuzulassen.

Liebe Betroffene, ich habe mich schon oft bei den Patienten entschuldigt, daß ich sie all diesen Übungen aussetzen muß. Sie sollen wissen, daß mir dies nicht leichtfällt.

Herr Vinzenz hätte sich nie auf eine Therapie eingelassen, wäre ihm nicht in der ersten Zeit ein Teil der Verantwortung abgenommen worden. Im Gegenteil, zu Beginn habe ich sogar gesagt: »Sie müssen *nur handeln* (das war ohnedies so schwer), ich übernehme die volle Verantwortung.«

Zurück zum Busch. Was hilft Vinzenz noch, wenn er am Busch vorbeigeht und nicht nachschaut? Er muß nicht der allein Verantwortliche sein. Es gibt auch andere, die da vorbeigehen und retten könnten. »Lernen Sie, daß Sie Zuständigkeit abgeben können. Auch andere Menschen haben Augen und Ohren.«

»Und wenn ich ganz allein bin? Mitten in der Nacht? Niemand in der Nähe weit und breit?«

»Darüber brauchen Sie sich heute noch keine Sorgen zu machen. Sollte das wirklich irgendwann einmal der Fall sein, dann werden Sie bestimmt *das* tun, was Sie dann zu tun *imstande* sind. Sie haben doch Ihren Glauben. Denken Sie dran, daß Sie nicht der Samariter sein müssen. Für diese Rolle hat der Herr andere vorgesehen, nicht Sie. Ihre Aufgabe ist das ernsthafte Üben gegen den Zwang. Der Herr weiß, daß das schwerer sein kann, als Verletzte zu bergen, beinahe Tote zu retten, vielleicht ein klein wenig noch lebende Embryos aufzuspüren. Der Herr liebt die Menschen, die von ihrer ›befleckten Weste‹ wissen und diese bescheiden akzeptieren.«

»Sie dürfen durchs Leben gehen als nichtverantwortlicher, nichtzuständiger, ganz durchschnittlicher Mensch, der übersehen und nicht bemerken darf. Das gilt auch für komische Muster auf der Straße; für Verborgenes hinter Holzstößen, Ziegelstapeln, unter Bauschutt; dies gilt für Holzstücke oder komische Körper im Fluß. Der Kranführer da oben in schwindelnder Höhe, der Mensch im Gewitter braucht Ihre Aufgabe nicht zu sein. Über all das dürfen Sie drüber hinweggehen.«

Blut und Glasscherben nach einem Unfall, so sollte Herrn Vinzenz lernen, sind etwas, das nicht schön aussieht. Aber er hat hier nichts zu tun, nichts zu befürchten, nichts zu retten. Er ist hier nicht gefordert und nicht gefragt. Der Herr weiß, daß die alleinige Aufgabe von Herrn Vinzenz das Weitergehen ist. Das und sonst gar nichts. Alles andere wächst aus diesem seinem Bemühen.

Herr Vinzenz wollte ursprünglich Pastor werden. Deshalb suchte er auch durch den Glauben die Bewältigung seiner Zwänge. Allerdings mußte er auch im Glauben umdenken lernen, denn der war rigide und zwangsbesetzt.

Wir sind einmal bei Einbruch der Dunkelheit mit dem Fahrrad hinaus ins Grüne gefahren. Das erzähle ich Ihnen zum Abschied, weil ich vom Abgeben jeglicher Verantwortung in der ersten Zeit der Therapie gesprochen hatte.

Herr Vinzenz radelte voraus, ich hintennach. Schnell war er unterwegs; er wollte »die Angelegenheit« so rasch wie möglich hinter sich bringen. Man kann nicht sagen, daß dies ein reiner Vergnügungsausflug war, obwohl ich schon versuchte, ihn auf den besonderen Duft der Schnittlauchfelder im Dunkeln aufmerksam zu machen. Aber er wollte keinen grünen duftenden Schnittlauch. Er wollte lieber seine weiße Weste.

»Werfen Sie die Zwänge grad über die Schulter, ich fange sie in meinem Fahrradkorb auf. Später kippen wir die dummen Dinger dann in den Fluß!«

»Lieber eingraben«, sagt Herr Vinzenz, weil er der Sache doch noch nicht hundertprozentig traute.

Später hat er sehr wohl gelernt, daß auch er Verantwortung tragen soll. Er hat zu differenzieren gelernt zwischen dem, was ihm die Zwangsreste eingeredet haben, und dem, was ihm ein persönliches Bedürfnis war. Ein paar Spritzer auf der weißen Weste wird er mit der Zeit hoffentlich auch abbekommen haben. Das gehört zum Menschen. Das schadet nichts. Das macht bescheiden.

Wenn der Zwang an Bedeutung verliert, kann er nicht überleben. Andersherum läßt die Bedeutung, die wir einem Zwangsproblem zumessen, diesen am Leben. »Das darf nicht sein« ist eine üble Strategie gegen den Zwang. Das Linksliegenlassen ist eine sehr hilfreiche Möglichkeit, vor allem bei den äußerst lästigen Zwangsgedanken.

Dazu – und zum Abschied – noch eine Erzählung aus dem endenden 14. Jahrhundert:

*Ein Mönch war zwanzig Jahre lang von fürchterlichen Verführungen zu Blasphemie (gotteslästerliche Gedanken) beunruhigt worden. Er trat ihnen voll Abscheu und Vehemenz entgegen. Er fastete, nahm Entbehrungen auf sich und beobachtete seine blasphemischen Versuchungen mit großer Wachsamkeit. (Ihr seht, liebe Betroffene, er hat das gemacht, was auch der Zwang sehr schätzt: das übermäßige Bedeutung zumessen). All das fruchtete nichts. Seine Versuchungen wurden nicht geringer. Im Gegenteil, sie wurden von Tag zu Tag ärger. In seiner Ratlosigkeit suchte er einen heiligen Mönch auf.*

*Wegen der schändlichen blasphemischen Gedanken wagte er es nicht, diese dem Mönch mündlich zu gestehen. Er schrieb sie auf und ließ sie den Mönch lesen.*

*Während der heilige Mönch las, verharrte der vermeintliche Sünder in untertäniger Haltung und wagte nicht, die Augen vom Boden zu erheben. Der weise alte Mönch las das Geschriebene, daraufhin sprach er ruhig und gelassen:*

*»Mein Sohn, ich nehme alle Sünden auf mich, zu denen diese Versuchungen dich verleitet haben oder verleitet haben könnten. Übergib sie an mich! Alles, was ich von dir verlange, ist, daß du in Zukunft auf diese Gedanken nicht mehr achtest, was auch immer kommen möge.«*

*Von da an hatte der Mönch keine ihn versuchenden Gedanken mehr. Einfach deshalb, weil er von der Angst und Sorge, die Anlaß für seine Phantasien waren, befreit worden war.*

*Es grüßt Sie herzlich, Ihre Ulrike S.*

## Die Familie

*Liebe Betroffene!*

Vor etwa zwei Wochen bin ich einer Familie begegnet, und seither geht sie mir nicht mehr aus dem Kopf. Ich weiß, daß ich diese vier Menschen nicht mehr sehen werde. Sie kamen aus einem anderen Bundesland und waren nur zur Beratung hier. Aber das ist es eben, was mich so beschäftigt. Wie wird das mit diesen Menschen und ihrem Schicksal weitergehen? Ich sehe sie nicht mehr und kann auch nichts mehr tun für sie. Ich kann keinen Einfluß nehmen.

Vielleicht kann ich doch etwas tun! Könnte ich ihnen schreiben? Vielleicht fiele mein Brief auf diesem Weg in ihre Hände. Vor allem in die Hände des Vaters, denn auf den bin ich fast böse.

Auch in die Hände der Mutter, die ich gar nicht verstehen kann. Ich probiere es einfach!

*Liebe Familie!*

Ich kann Sie alle vier nicht vergessen und suche einen Weg, Sie zu erreichen. Wenn ich an Sie denke, könnte ich weinen.

Da sind Sie, der Vater. Sie sind sehr, sehr zwanghaft. Sicher viel zwanghafter, als ich es war, als ich in Therapie kam. Sie sind sehr bedauernswert. Sie sagen, daß Ihr ganzes Denken nur mehr um den Waschzwang kreist. Es beschäftigt Sie eigentlich den ganzen Tag, den Zwang zu befriedigen.

Da sind Sie, die Mutter. Eine Zeitlang versuchten Sie, für Ihren Mann Verständnis zu haben.

Das funktioniert nicht mehr gut. Immer mehr macht sich Unmut und auch Zorn breit. Eigentlich würden Sie am liebsten abhauen. Wenn da nicht die zwei Kinder wären. Diese zwei kleinen Mitleider und unfreiwilligen Dulder.

Ich habe mich mit Euch Kindern unterhalten. Ihr redet schon wie kleine Erwachsene und seid kaum zehn Jahre alt. »Da müssen wir durch«, sagt das eine von Euch. »Das hast Du wohl von der Mama gehört«, sage ich. »Ja«, meint der kleine Frosch.

Jetzt sage ich Ihnen, weshalb ich auf Sie, den Vater, fast zornig bin. Weil Sie Therapien ausschlagen, die helfen könnten. Möglichkeiten hatten Sie und haben Sie noch.

Weil Sie »bei uns« um Rat suchen und ganz deutlich sagen: »Ich muß mir noch überlegen, was mir hier nahegelegt wird.« (Daß Sie so zaudern, neuerlich eine Therapie zu wagen, das kann ich insofern verstehen, als Sie bisher auch Pech auf Ihrem »Therapieweg« hatten. Unbegreiflich, was manche »Fachleute« unter Zwängetherapie verstehen!)

Nun, nach der Beratung hier überlegen Sie noch. Aber Sie überlegen ja nicht nur für sich, lieber Vater, Sie überlegen für eine ganze Familie, und vor allem für diese armen Kinder. Sie machen ihnen die Zukunft kaputt, das garantiere ich Ihnen. Der eine Bub hat Angstzustände, der andere weint am Abend. Und Sie hüten Ihre Böden und Wäsche und wer weiß was noch und müssen sich erst überlegen, was Sie tun möchten. Können Sie nicht mir, der einst sehr Betroffenen, vertrauen?

Überhaupt, müssen Sie denn bei der Familie bleiben? Lassen Sie doch die Frau mit den Kindern ziehen, dann können Sie sich überlegen, was Sie tun werden – ganz für Sie allein, ohne die Kinder ständig in die Streitereien mit Ihrer Frau und in Ihre Zwanghaftigkeiten so immens einzubeziehen.

Vielleicht scheine ich Ihnen hart. Aber ich habe Erfahrung. Und ich kann den Mund nicht halten, wenn es um Kinder geht. Ich wage gar nicht dran zu denken, wie die Kinder mit dieser Belastung einmal fertig werden.

Ich habe mit Ihnen, lieber Vater, seinerzeit im Guten geredet. Ich habe Ihnen recht vorsichtig gesagt, was es für mich zu sagen gab. Ich habe Sie ermuntert und auch gedrängt. Wenn heute Ihre Situation noch die gleiche ist wie damals, und Sie lesen meine Zeilen, so tut mir das nicht leid, so deutlich zu sprechen. Im Gegenteil, ich hoffe, ich könnte damit etwas bewirken.

Und Sie, liebe Mutter, ermuntere ich, das »Spiel« nicht mehr mitzuspielen. Sie machen sich auch an den Kindern schuldig; zudem verschlechtern Sie die Situation Ihres kranken Mannes.

Seien Sie, der Vater, versichert, Sie würden die Plage der Therapie nie bereuen. Sie könnten mit gutem Gewissen sagen, daß Sie, letztendlich, doch Mut bewiesen haben.

Ich wünsche der ganzen Familie das Beste. Und ein »Pfirti«* den Kindern! Falls der Kontakt tatsächlich zustande kommt, würden die Kinder das »Pfirti« verstehen. Sie würden sich erinnern, daß ich die Frau bin, bei der sie das tirolerische »Pfirti«-Sagen so eifrig gelernt haben.

*Es grüßt von Herzen Ihre Ulrike S.*

## Die Angehörigen und Freunde sind mitbetroffen

*Liebe Angehörige und nahestehende Freunde von Zwangskranken! Liebe sonstige Mitbetroffene!*

Ich weiß nicht, ob Ihr betroffener Angehöriger Sie überhaupt in sein Leiden eingeweiht hat. Es könnte auch sein, daß Ihnen im Verhalten eines Betroffenen nur so manches merkwürdig erscheint. Sie können es nicht einordnen, und Sie versuchen das Verhalten als Eigenheit oder gar Spinnerei zu werten.

Ob Sie nun darüber Bescheid wissen oder nicht, Sie werden ein Mitbetroffenener sein. Manche von Ihnen werden extrem gefordert. Zumindest ist eine Zwangsstörung für Angehörige belastend.

Mein erster und eigentlich einziger Anlauf, mich in der Ursprungsfamilie zu »outen«, war ein Fehlschlag gewesen. Außer

* Für Nichttiroler: *Pfirti* kommt eigentlich von »Behüte dich Gott« und bedeutet »tschüs« oder auch »salü«.

verständnisloser Verwunderung und dem Versprechen, »nichts weiterzusagen«, war nichts drin. Diese Reaktion war für mich schmerzlich. Ich hätte Trost und Hilfe gebraucht und bin schon damals mit dem Stempel »Die tickt nicht ganz« versehen worden. Ich hätte gescheiter den Mund gehalten. In der Folge wurde ich eine Meisterin im Lügen, Schwindeln und Ausredengebrauchen. Ich habe Unpäßlichkeiten und Krankheiten vorgeschoben, um dies und jenes nicht tun zu müssen. Da war ich dann halt die »Kränkelnde« in der Familie. Besser schwach als verrückt!

Erst langsam beginnt man in der Öffentlichkeit zu erfahren, was Zwangskrankheit bedeutet. Trotzdem können aufgeklärte Angehörige oft nicht allzu viel mit dem anfangen, was sie über die Zwangserkrankung lesen oder hören. Wie könnten sie auch; der Erkrankte selbst kann so schwer verstehen, was ihn zu all den »unsinnigen« Gedanken und Handlungen zwingt.

Eine Therapie (Kognitive Verhaltenstherapie) gibt es seit etwa dreißig Jahren. Literatur für Betroffene und betroffene Angehörige findet man zunehmend in den Buchhandlungen (siehe: Demal u. Langkär, Zwangserkrankungen – Ein Leitfaden für Angehörige, 1998).

Ich kann verstehen, wenn Sie, liebe Angehörige, Schwierigkeiten mit dem sich Einfühlenkönnen in die Krankheit haben. Sie sollten Unterstützung dafür bekommen, wie Sie sich (so gut wie möglich) verhalten können. Ihr angemessenes Verhalten kann viel dazu beitragen, daß Ihr Angehöriger eine Therapie sucht und gute Fortschritte darin macht.

Lassen Sie mich von Erfahrungen sprechen, die ich in der Kotherapie gemacht habe und die das Miteinander von Erkrankten und deren Angehörigen betreffen. Dabei lasse ich einfach die von mir Betreuten in der Vorstellung an mir vorbeiziehen. Wenn mir etwas Erzählenswertes zum Thema einfällt, dann lasse ich Sie das wissen. Grade so, wie man das in einem Brief recht gut tun kann.

Es gibt Fälle, da haben Erkrankte (oder auch deren Angehörige) so etwas wie »Nutzen« durch die Erkrankung. Ich denke da an einen von mir Betreuten, der war ein Ehemann, der nichts zu melden hatte. Er entwickelte jedoch als Zwanghafter erstaunliche Qualitäten. Im Zwang gab es Rollentausch. Da wurde die Frau klein wie eine Maus, und der Mann brüllte wie ein Löwe. Da war er wehrhaft.

Nun argwöhnen Sie aber nicht, Ihr zwangskranker Angehöriger verfolge eine raffinierte Taktik mit seiner Erkrankung. So simpel ist die Sache nicht. Außerdem hat der Zwang bei weitem nicht immer ein »Ziel«. Das *könnten* Erkenntnisse innerhalb einer Therapie sein. Das muß aber absolut nicht der Fall sein. Außerdem denke ich – als ehemals Zwangskranke und nicht Fachfrau –, daß jeder Erkrankte zur Erlangung seiner Bedürfnisse sicher lieber eine andere Möglichkeit zur Verfügung hätte, als diese schreckliche Erkrankung.

Auch hat eine Zwangserkrankung nie nur *eine* Ursache. Falls man überhaupt davon sprechen kann, die Ursache der Zwangserkrankung wirklich zu kennen.

Es gibt auch Fälle, das habe ich schon angedeutet, in denen sich die Zwangserkrankung des Partners ganz gut in den eigenen Lebensstil fügt. Zum Beispiel: So »bequem« würde der Erkrankte oder die Erkrankte ohne Zwänge, nach einer geglückten Therapie, vielleicht gar nicht mehr sein. Ich habe schon gehört, daß Zwanghaftigkeit durch »Zwangshilfe« von seiten des Partners ganz schön unterstützt wird und dadurch einer Therapie – vielleicht unbewußt – entgegengearbeitet wird.

Was könnte durch eine Therapie anders werden und Angehörigen nicht so gelegen sein? Da wird der Ehemann plötzlich aktiv und entdeckt seine Liebe zum Fußball am Samstagnachmittag mit anschließender Geselligkeit. Eine Frau kommt drauf, daß sie – entgegen den Interessen des Partners – eigentlich immer schon reiselustig war. Ein selbstsicher werdender junger Mann findet, daß, außer der ihn etwas beherrschenden Freundin, auch andere Mütter schöne Töchter haben, und hört mit seinem Klammern auf. Ein ehemals Zwangskranker, der nur noch Bestätigung in beruflicher Leistung gefunden hatte, wird sich dessen bewußt, daß ihm die 38-Stunden-Woche genügt; im übrigen mag er lieber Malen und Gitarrespielen. Das bringt der Familie zwar weniger Wohlstand, ihm aber mehr Freude.

Nun gut, wir nehmen also an, Sie erfahren, daß Ihre Tochter, Ihr Sohn, Ihr Partner zwangskrank ist. Das ist sicher keine gute Nachricht. Aber Sie könnten beim Besser- oder Gesundwerden mithelfen. Besorgen Sie sich Literatur für Angehörige. Falls Ihr Erkrankter das möchte und ein Therapeut das für gut hält, kommen Sie auch (vor allem anfangs) mit zu einer Therapiestunde. Sie können durch Ihr Verhalten einiges dazu beitragen, damit die Therapie gelingt.

Kunterbunt kommen jetzt meine Ratschläge an Sie, gerade so, wie es mir in den Sinn kommt.

- Haben Sie Vertrauen zum Therapeuten oder zur Therapeutin Ihres Angehörigen! Eine Zwangserkrankung ist keine Grippeerkrankung – sie braucht Zeit und viel Vertrauen.
- Reden Sie nicht von der dummen »Medikamentenfresserei« (so hört man das immer wieder). Ein Medikament kann – wie gutes Schuhwerk bei einer Bergtour – das Gesundwerden unterstützen. Die Medikamente verändern nicht die Persönlichkeit. Sie machen nicht »willenlos«, sondern sie sind unter Umständen ein wahrer Segen.
- Seien Sie nicht eifersüchtig auf den Therapeuten oder die Therapeutin. Es kann sein, daß er für die nächste Zeit *die* Bezugsperson im Leben des Patienten wird. Der Therapeut oder die Therapeutin nimmt Ihnen nichts weg, er versucht, auch *Ihnen* zu geben.
- Reden Sie nicht gegen die Therapie. Nennen Sie nicht Therapievorschläge einen »Blödsinn«. Sie kennen den genauen Vorgang der Therapie nicht, außerdem verunsichern Sie durch solches Reden den an einer *Unsicherheitskrankheit* Leidenden. Eine Zeitlang weiß er ohnedies nicht mehr, was richtig und falsch ist.
- Vergessen Sie nicht das Loben, auch wenn Sie manchmal nicht recht einsehen, *was* es da zu loben gibt. Nehmen Sie bitte nichts für selbstverständlich – etwas, was doch nur »nor-

mal« ist. Auch *kleinste* Schritte sollen anerkannt werden! Loben Sie nicht nur, wenn es aus Ihnen herausgezogen wird. Ein Lob kann Wunder wirken! Es gibt Mut zum Weitermachen und Durchhalten. Was Ihre Partnerin oder Ihr Partner oder sonstiger Angehöriger leisten muß, ist gigantisch. Ich meine es, wie ich es sage!

Jetzt ein paar Worte, damit Sie sich vor dem »Nimmersatt-Zwang« Ihres Angehörigen schützen können.

Unterstützen Sie die Therapeutensuche, wenn Sie darum gebeten werden. Glauben Sie nicht, daß dem Patienten mit guten Worten und Aufforderung, seinen gesunden Menschenverstand zu gebrauchen, zu helfen sei. Er leidet an einer psychischen Erkrankung, die den gesunden Menschenverstand erst durch eine Therapie wieder zu Wort kommen läßt.

Da fällt mir allerdings ein Negativbeispiel im Zusammenhang mit der Therapeutensuche ein. Das war ein Vater, der sich bereits als »Zwangsexperte« für seinen Sohn fühlte. Er kannte sich bei den diversen Therapiemöglichkeiten sehr gut aus. Wenn ich mit ihm sprach, so führte *er* das Gespräch. Er kannte auch, landauf, landab, die Therapeuten, die seiner Meinung nach in Frage kämen. Er pflegte diesbezügliche Kontakte und sprach über »eventuelle« Termine. Eigentlich war alles vorbereitet, aber wo blieb der eigentlich Betroffene? Der ließ den Vater organisieren, das tat ihm nicht weh. Und damit hatte es sich, denn der Eifer des Vaters genügte ihm. Der Sohn selbst muß allerdings noch überlegen, wann und ob überhaupt er eine Therapie beginnen will. So vergeht Jahr um Jahr!

Wenn betroffene Angehörige, so leid sie einem auch tun mögen, nicht auf eine Behandlung drängen oder zumindest einsehen, daß es ohne nicht mehr geht, dann bringt der Wille zum Helfen seitens der Angehörigen auch nichts. Dann sollten Sie, liebe Angehörige, das tun, was sehr schwer ist: *»Spielen« Sie – nach Möglichkeit – nicht mit!* Das klingt simpel, ist es aber keineswegs. Wenn die Zwangsansprüche eines Patienten immer umfassender werden, dann muß er auch Menschen um sich haben, die mittun, sonst funktioniert das nicht oder nicht so »gut«. Wenn Sie mittun, liebe betroffene Angehörige, dann müssen Sie sich womöglich den Vorwurf machen lassen, »Zwangshelfer« zu sein.

Sich gar nicht in die Zwanghaftigkeiten des Patienten einbinden zu lassen ist praktisch unmöglich. So zu tun, als ob der Erkrankte schon könnte, wenn er nur dem gesunden Menschenverstand folgte, das ist herzlos. Das gäbe nur mehr Streit und Tränen. Ich denke, vor einer Behandlung sollte ein Mittelweg, ein Kompromiß gesucht werden zwischen Normal- und Zwangsansprüchen. Innerhalb der Therapie ist die Absprache zwischen Patient, Angehörigen und Therapeuten hilfreich.

Den Zwangskranken wie einen Gesunden zu behandeln, also überhaupt nicht auf seine Krankheit einzugehen, zeigt mangelndes Verständnis und ist in der Ausführung ohnedies nur eine Illusion. Sie können über eine (oft schwere) psychische Erkrankung nicht einfach hinwegschauen. Ihr Angehöriger wäre so gern gesund, aber er kann nicht anders. Der Zwang ist ungeheuer stark.

Eines aber ist für Sie wichtig, liebe Angehörige: Glauben Sie nicht, Sie müßten *Ihren* Lebensstil um der Zwanghaftigkeit Ihres Angehörigen willen opfern.

Ich sage es nicht gern, denn ich war einst selbst Betroffene, aber was manche Zwangskranke mit ihrem Umfeld anstellen, das ist beinahe unglaublich. Das ist wirklich nur möglich, wenn mitgetan wird. In »Zwangsfamilien« habe ich Zweitwohnungen kennengelernt, Zweitautos habe ich bestaunt – nur dafür gut, damit der Zwanghaftigkeit genüge getan wird. Die Familie darf den Hof rund um das Haus nicht mehr benützen, außer sie erfüllt die Auflagen des Zwanghaften. Ehemänner wissen um die Zwanghaftigkeit rund um das Kind. Sie wissen, wie es gewaschen und gebadet wird. »Ich kann es nicht mehr ertragen«, erzählte ein Kind. Väter schauen weg, um Ruhe zu haben. Der begabte Sohn verliert zwangshalber ein Schuljahr um das andere. Gegen ausufernde Zwanghaftigkeit können die betroffenen Angehörigen sehr wohl protestieren.

Wenn nun jemand sagt: »Frau S., Sie wissen ja, wozu der Zwang imstande ist«, dann kann ich sagen: »Ja, ich weiß es, und ich bedauere das sehr. Aber als eine Therapiemöglichkeit da war, da habe ich sie angenommen und die Therapie durchgezogen.«

Liebe Angehörige, der Zwang soll nicht wie ein alles bestimmender Tyrann in Ihrem Alltag sitzen. Er soll nicht Ihre persönlichen Hobbys und Ihre Freizeitgewohnheiten verschlucken. Es nützt niemandem, wenn Sie dies tun. Damit verschlimmern Sie nur die Krankheit, und Sie werden mehr und mehr verärgert. Zeigen Sie Mitgefühl und Verständnis – aber lassen Sie sich nicht tyrannisieren!

Ich habe etwas gelesen, was ich gut finde: Sagen Sie Ihrem Angehörigen, daß Sie ihn gern haben, aber daß Sie ihm nicht in seine Zwanghaftigkeit folgen wollen. Sie akzeptieren ihn, Sie lieben ihn, nicht aber seine Zwänge. (Kleine Nebenbemerkung der früher Betroffenen: Wenn das nur auch so leicht realisierbar wäre, wenn sich das nicht nur so vernünftig anhören würde. Wer weiß schon, mit wieviel *Angst* der Erkrankte oft das Seinige verteidigt. Mit wieviel ohnmächtiger Angst! Auch, daß der Erkrankte zwar nicht sein Zwang *ist*, die Zwanghaftigkeit aber auf sein Wesen stärksten Einfluß haben kann. »Alle andern haben es feiner. Alle andern sind liebenswerter, tüchtiger. Ich fühle mich so einsam. Warum versteht mich niemand? Wenn der Zwang mich doch nicht so erschöpfte!«)

Innerhalb der Therapie kommt es mitunter vor, daß das Umfeld wieder »zurücklernen« muß, um im eigenen Verhalten wiederum zur Normalität zu kommen. Nicht daß die Familie durch das Zusammenleben mit dem Erkrankten *auch* zwanghaft geworden wäre, keine Sorge, sondern, weil das dem Patienten und seinen Zwangswünschen angepaßte Verhalten zur täglichen Gewohnheit wurde.

Da mußte ich dann in meiner Therapie mithelfen und sagen: »Nach Geldkontakt brauchst du dir nicht mehr die Hände zu waschen. Die Kontrolle mache ich allein. Wenn es an der Tür klingelt, dann gehe ich hin. Fahr lieber mit der (schmutzigeren) Bahn, die Straßen sind verschneit! Wenn du das Buch in der

Buchhandlung nicht bekommst, dann kannst du ruhig in der Leihbücherei danach suchen. Wenn ich wieder mit dem Nachfragen anfange, dann darfst Du mich nur nett anlächeln, mehr nicht!«

Nicht so einfach für den Therapiewilligen, wenn er auf die frühere »Mithilfe« freiwillig verzichten muß, indem er auch die Familie ermuntert, dabei mitzuhelfen.

Bei uns ist das zum Beispiel jetzt so: Einerseits wäscht sich mein Mann – ich hoffe, er verzeiht mir die Indiskretion – nur mehr nach der Toilette die Hände. Sonst den ganzen Tag nicht, nicht beim Heimkommen und so weiter. Ich sage nichts, vor allem, weil mir das immer seltener auffällt. Es ist mir nicht mehr wichtig. Andrerseits sagt mein Mann zu mir: »Geld gehört nicht auf den Tisch!« Komisch, eigentlich ekelt meinen Mann selten etwas, aber das, was zu akzeptieren ich gelernt habe, das geht ihm wohl gegen die »Optik«. Über solche Nebensächlichkeiten diskutiere ich nicht mehr – mein Mann soll seinen Willen haben, das Geld kommt weg vom Tisch.

Lassen Sie mich nachdenken, was ich sonst noch im Kontakt mit Verwandten erlebt habe, und was ich dabei an Sie weitergeben könnte.

Ach ja, da war kürzlich eine mitbetroffene Mutter am Telefon. Dieser Anruf könnte stellvertretend für so manche ähnliche Meldungen sein, die ich erlebt habe. Das hört sich so an:

»Mein Ehemann/meine Frau/mein Sohn/meine Tochter geht mir mit Zwängen schrecklich auf die Nerven. Außerdem ist er/sie auch sonst unausstehlich, das halte ich nicht mehr aus. Sie haben doch diesbezüglich auch Ihre Erfahrungen. Könnten wir uns nicht zu einem Kaffee treffen und darüber sprechen?«

Ich darauf: »Weiß Ihr Angehöriger von Ihrem Anruf?«

»Nein, das weiß er nicht.«

Solche Anrufe mag ich gar nicht. Da geschieht etwas – wenn auch verständlicherweise – hinter dem Rücken des Patienten. Geht man drauf ein, dann könnte dies das Therapievertrauen trüben. Offenheit in den Begegnungen ist sehr wertvoll. Informationen mit der Bitte: »Aber sagen Sie das ja nicht meinem

Mann!« sind lästig. Man kann solche »Meldungen« nicht gebrauchen, weil sie geheim bleiben sollen, also, wozu sind sie dann gut? Womöglich verplappert man sich dem Patienten gegenüber, nicht mehr dran denkend, daß man dichthalten sollte. Nein, so geht das nicht. (Außerdem gebe ich solche Anrufe immer an den Therapeuten weiter.)

Wenn Ihnen die verschiedenen Aktivitäten für das Gesundwerden Ihres Angehörigen zu mühevoll erscheinen, dann kann ich das schon verstehen. Angehörige von Zwangskranken sind mitunter selbst betreuungsbedürftig. Oft genügt schon sehr wenig. Legen Sie den Arm um die Schultern des »heimlichen Helden«, sagen Sie ein paar nette Worte, lassen Sie ihn bei sich etwas ausrasten und Mut holen – dann haben Sie schon viel Wichtiges für ihn – und auch für sich – getan!

(Noch ein Wort an die Erkrankten: Wenn Sie, lieber Betroffener, nicht verstehen, weshalb bei Ihnen daheim der Haussegen immer mehr schiefhängt, dann müssen Sie schon akzeptieren, daß Sie als recht Zwanghafter in der Familie an den Nerven zerren. Ich weiß, daß die Anpassung der Familie an die Erfordernisse des Erkrankten, an seine Rituale, vom Betroffenen selbst oft recht selbstverständlich angenommen wird. Das erklärt sich wohl aus der Not, die die Krankheit verursacht.)

Ich grüße Sie, die Angehörigen, herzlich und verständnisvoll. Haben auch Sie Geduld und Vertrauen!

*Ihre Ulrike S.*

## »Man sieht es ja!«

*Liebe Betroffene!*

Ich habe einen Mittelschüler betreut, von dem will ich Ihnen jetzt erzählen. Ich nannte ihn einfach »den Tormann«. Eishockey war sein Leben, das Gehäuse rein zu halten war seine

Freude. Da hatte er keine Schwierigkeiten. Wenn der Puck drin war, dann wußte er's. Ob die Tür daheim zu war, das wußte er nicht. Er litt unter Kontrollzwang seit zwei Jahren.

Zwei Stunden beim Therapeuten und acht Stunden von meiner Seite brauchte er, dann wußte er wieder, wann etwas aus- und zu- und abgedreht und ausgelöscht war. Ich habe ihn ein paar Jahre später getroffen, da hatte er nur noch kleine Zwangsreste.

Weshalb das Gesundwerden (beziehungsweise das Besserwerden) bei den einen jahrelang dauert und weshalb andere so ein Glück haben, diese Frage kann letztendlich keiner sicher beantworten.

Jetzt zurück zum Tormann. Eines Tages sind wir am Ende eines Hausbesuchs mit intensiven Übungen im Wohnzimmer zusammengesessen.

Da muß ich, ehe ich's vergesse, ein Wort dazwischenschalten über Hausbesuche, Straßenübungen und dergleichen. Hart ist das schon manchmal für den Kotherapeuten oder die Kotherapeutin. Im Sommer ist es oft heiß und im Winter frostig. Auch der Umgang mit Patientenwäsche und kaum mehr benützbaren staubigen Zwangsschränken ist nicht unbedingt mein Ding. Manchmal werden solche Übungen vor Ort auch etwas peinlich, weil Vorübergehende einfach nicht verstehen können, weshalb Erbrochenem auf der Straße so viel Aufmerksamkeit geschenkt wird. Streetworker und Haushaltshilfe nenne ich mich manchmal.

Eines ist sicher: Ich erlebe viel. Nein, nicht *ich* erlebe, *wir zusammen* erleben. Erst das Schwere, dann oft das Schöne. Ich erlebe Momente, die sind überwältigend. So richtig genießen kann ich sie oft erst im nachhinein, am Abend vor dem Einschlafen oder wenn ich dem Therapeuten schriftlich Bericht erstatte. Da sind Anstrengung, Anspannung, Ärger und auch Sorge um den Ausgang der Übung überstanden, und Zufriedenheit kann sich breitmachen.

Es gibt allerdings ein Problem bei der Verhaltenstherapie für Zwänge, mit dem ich mich schwertue: Oft muß *ich* es sein, die sich die Übungen überlegt und vorschlägt. Das ist gar nicht fein.

Liebe Betroffene, ich habe diese Therapie erst einmal am eigenen Leib ausprobieren müssen. Deshalb fällt es mir auch leichter, Schwieriges von meinen ehemaligen Leidensgefährten zu verlangen. Ich weiß, daß es keine andere Möglichkeit gibt.

Jetzt habe ich fast den Tormann vergessen, der sitzt ja noch immer im Wohnzimmer. Recht turbulent zugegangen war es an diesem Übungsnachmittag. Wir hatten im Eilzugstempo alles in Funktion gesetzt, was den Tormann zwanghaft bedrängte. Licht, Wasser, Kerze, offene Fenster und anderes mehr.

Manchmal durfte *er* nicht dabei sein, wenn *ich* etwas eingeschaltet hatte, dann wiederum habe ich nicht zugesehen, was der Tormann zum Üben in Betrieb gesetzt hatte. Da mußte er dann die Kontrolle in Eigenverantwortung übernehmen.

Im Laufschritt die Wohnung zu überprüfen, auch das war ganz schön ungewöhnlich für ihn. Ganz entgegengesetzt der demütigen Haltung, die er sonst immer vor dem Herd, dem Wasserhahn, dem Lichtlein an der Kaffeemaschine einnehmen mußte: leicht gebeugt und konzentriert stand er da, so gefiel es dem Zwang.

Wir haben kontrolliert wie auf dem Sportplatz, schnell und hopphopp von einem Kontrollpunkt zum andern. Der Tormann fand regelrecht Gefallen daran, auch seine sportlichen Fähigkeiten einzusetzen. So ging es diesmal viel vitaler beim Kontrollieren zu.

Wir sitzen nach den Kontrollen da, etwas atemlos, besonders er, obwohl er der sportlich Trainierte ist. Aber so schnell war er schon lange nicht mehr mit seinen Plagegeistern fertig geworden. Unsicher und beklommen ist ihm zumute, denn wir werden jetzt für eine Weile die Wohnung verlassen.

Noch eine Nebenbemerkung: Ich betreue seit Jahren eine Patientin mit Kontrollzwängen. (Ich finde, von den Kontrollzwängen kann ich gar nicht genug erzählen. Die sind nämlich sehr heimtückisch, weil sie oft behaupten, soviel Unglück zu verhüten.)

Die Frau also führt ein mieses Leben, die halbe Nacht opfert sie den Kontrollen, vor allem dem Herd. Die Industrie sollte einen Herd entwerfen, der »zwänglersicher« ist. Das müßte doch möglich sein, meinen Sie nicht auch? Vielleicht einen mit Sirene, falls man einen Knopf vergessen hat. Ob das wohl die Lösung des Problems wäre? Der Zwang ist erfinderisch.

Womöglich redet er einem ein, man könnte die Sirene nicht genau hören. Er behauptet ja auch von manchen, sie könnten die Null nicht recht sehen. Oder das rote Kontrollicht.

So heißt es auch beim Zwang am Herd: sich dem Problem stellen, davonlaufen nützt nichts!

Ich habe zu jener armen Frau folgendes vom Therapeuten Gelerntes gesagt: Wenn Sie nicht akzeptieren lernen, daß Sie eines Tages auf einer Obstkiste in Ihrer abgebrannten Wohnung sitzen *könnten*, ohne Möbel, Vorhänge und Fernseher, wenn Sie nicht bereit sind, *in der Vorstellung* so weit zu gehen, daß Sie all das nie hundertprozentig sicher behalten können, dann werden Sie die Zwänge nie loskriegen. Wenn dieses Letzte nie und nimmer passieren darf, dann werden Sie es schwer haben. Dieses Anklammern an all Ihren Kostbarkeiten ist des Zwangs ganz große Freude und Chance. Lieber auf der Obstkiste in der abgebrannten Wohnung sitzen als ein Leben mit solchen Zwängen ertragen, oder?!

Meine verstorbene Schwiegermutter hat nichts von Zwängen gewußt, auch nichts von meinen. Aber klug war sie. Sich an nichts zu sehr anklammern, hat sie gesagt und hat auch danach gelebt.

Ach ja, der Tormann, er wartet noch. (Heute bin ich beim Schreiben etwas sprunghaft!) Aber in der Zwischenzeit hat der Bursche eine Entdeckung gemacht. Plötzlich ruft er, als wäre Weihnachten, ganz beglückt und erstaunt: »Man sieht es ja!«

Ich wußte zunächst gar nicht, was er meinte. Was er so mühelos und selbstverständlich gesehen hatte, so ganz ohne Zwang und Anspannung, das war das Standby-Licht von der Stereoanlage. Um die Kontrolle darüber zu erledigen, mußte er bisher immer auf allen Vieren vor der Anlage verweilen und starren und schauen. Jetzt, bei der Übung, beim schellen Kontrollieren, hatte er es *über*sehen und dann ganz natürlich *gesehen.* Es ist ihm nur so *in die Augen gesprungen*, das da etwas nicht abgeschaltet war. »Man sieht es ja!«, diesen fröhlichen Ausruf vergesse ich nicht.

Kein demütigender Vierfüßlerstand vor dem Gerät war nötig, um das grüne Lichtchen mit den Sinnen, den Augen, sehen zu können. Vertrauen in die eigene Wahrnehmung hat er da bekommen.

Der Tormann sieht, er hört, wenn der Puck im Tor ist. Er *hört* das Wasser in der Küche rauschen, er *sieht* die Kerze brennen. Das Backrohrlicht ist leicht *wahrnehmbar.* Es ist zu sehen, er braucht vorher nicht einmal die Brille zu putzen. Ob die Balkontür offen ist, das sieht er am Griff, da muß man nicht an der Klinke herumturnen und rütteln. (Der Tormann selbst sagt, er sieht das auch daran, ob die Katze auf dem Balkonrand sitzt, sie kommt ja schließlich nicht durch das Schlüsselloch hinaus!) Ob Milch verdorben ist, das riecht man schnell oder schmeckt es. Ein faules Ei ist keine Gefahr für Gesundheit und Leben, denn der Geruch stinkt verläßlich zum Himmel. Der Tormann kann seinen Wahrnehmungen wieder trauen. Er hat durch Unterstützung im mutigen Tun wieder Selbstvertrauen bekommen.

Schauen Sie die Klobrille daheim erst einmal an, bevor Sie sie putzen. Schmutz *sieht* man, man *vermutet* ihn nicht (zwanghaft).

Ich betreue eine Schülerin, die hat nur Angst vor dem »Dreck«, den sie *nicht* sieht. »Schauen Sie mit mir doch einmal das WC von unserem Bahnhof an. Überzeugen Sie sich, und *sehen* Sie, daß es seinen schlechten Ruf nicht verdient.«

Trauen Sie Ihren Wahrnehmungen, Ihrem mutigen Erleben und Entdecken und nicht dem Gefühl, das vom Zwang kommt. Wie wollen Sie neue Erfahrungen machen, wenn Sie nicht Mut zum Experimentieren haben? Was kann Ihnen schon passieren? Nichts, was Sie in eine Situation bringt, die ärger ist als Ihre jetzige.

Ich wurde einmal gefragt: »Sind Sie jetzt, nach der Therapie, ganz überzeugt davon, daß Ihr damaliges Zwangsverhalten falsch war?« Ja, davon bin ich überzeugt. Schade nur, daß mir niemand geholfen hat, dies früher einzusehen. Nicht nur im Denken, auch im Tun.

Wieder das Sehen lernen, das Hören, das Fühlen und das Spüren, das ist schön. Und das ohne Angst, das ist einfach wunderbar!

*Das wünsche ich Ihnen! Ihre Ulrike S.*

PS: Ich werde manchmal gefragt: »Sind Sie sicher, daß Sie niemals mehr einen Zwang bekommen werden?« – »Nix ist fix, also auch das nicht«, sage ich dann. »Aber im Fall, daß mir das passieren sollte, habe ich einen guten ›Handwerkskoffer‹ voller Möglichkeiten, um mir zu helfen.«

## Eine Dose ist eine Dose und sonst gar nichts

*Liebe Carina!*

Auf der Straße liegt eine (Bier?-)Dose, die ist ganz arg plattgefahren. Da muß ein gewichtiger Wagen drüber sein, ein Mercedes oder ein BMW. Jetzt hat sich diese Dose also ganz klein und schmal gemacht, und trotzdem ist sie nicht unauffällig genug, als daß sie der gefräßige Zwang nicht als Futter möchte.

Der *Schuldzwang* könnte sagen: »Paß auf, räume die Dose weg, ein gebrechlicher Mensch, der nicht mehr die Beine aufheben kann und nichts mehr sieht (man fragt sich grade, wie dieser bei soviel Gebrechlichkeit immerhin bis zu dieser Dose gekommen war), der könnte sich wegen dieser Dose das Genick brechen, und du bist Schuld.«

Der *Wasch- und Ausscheidungszwang* sagt: »Pfui grausig, eine Dose. Da hat jemand draus getrunken. Hat den Mund an der Dose gehabt, wie ekelhaft!«

Der *Sammelzwang* nimmt sie mit nach Hause, er kann an ihr nicht vorbei.

Dem *Gedankenzwang* kommt das Aussehen der Dose so bekannt vor. Wie hieß doch das Bier, das da drin war. Wenn ich das doch noch lesen könnte, aber die Dose ist seit ihrem Unfall namenlos. Dem Gedankenzwang wird immer beengter zumute. Er muß den Namen haben, sonst hat er keine Ruhe. Ihm wird heiß und kalt, bis er die Dose mit spitzen Fingern aufhebt.

Er wird damit zu Adambräu, Zipfer, Stiegl, ... gehen, bis sein Zwang befriedigt ist.

Und was treibt der Zwang mit Ihnen, liebe Carina, beim Anblick einer Dose auf der Straße? Der Zwang sagt: »*Gift* war drin. Ein bißl ist noch drin. Und jetzt schau, wie Du damit fertig wirst!« Da sagt die Carina: »Wo ist das Problem? Das schaffe ich jetzt, auch wenn es noch etwas schwerfällt. Ich habe Therapie, das zeige ich dir, du aufdringlicher Lümmel!«:

- »Eine Dose ist eine Dose und sonst gar nichts.«
- »Ein Zwangsgedanke ist ein Gedanke, mehr nicht. *Ich muß nichts tun.*«
- »Die Menge macht das Gift, das habe ich dir schon oft gesagt, du aufdringlicher Zwang! Ein ›Hauch von Gift‹ oder ›ein paar Moleküle von Gift‹ oder ein ›Anstreifen am Gift‹ (das sind alles Mengenangaben, mit denen nur der Zwang plagen kann), so etwas bemerkt der Körper gar nicht. Das ist, als ob man einen Elefanten am Rüssel mit einer Daunenfeder kitzeln würde. Da niest er nicht einmal.«
- »Natürlich ist da Gift drin, was sonst! Ich trinke ja nicht draus!«
- »Ich bin nicht die Oberverantwortliche der Stadt. Wer eine Dose auf die Straße wirft, hat selbst dafür einzustehen. Und wer sie weggeworfen hat, der kann sie auch wieder einsammeln. Ich bin nicht bei der Müllabfuhr.«
- »Schade, daß das eine leere Dose ist. Jetzt hätte ich grade Lust auf ein Bier.«
- »Ach, du arme Dose! Wer hat denn dich so hergerichtet?«

- »Einen Fußtritt kann ich der Dose noch geben, um Kontakt mit ihr herzustellen.«
- »Ach, du machst mir Angst mit den kleinen Kindern, die mit einer leeren Dose nicht umgehen können. Diese Kinder haben doch auch Mütter, die auf ihre Kleinen achten müssen. Ich bin nicht für die ganze Welt zuständig.«
- »Und jetzt weigere ich mich, noch länger mit dir zu reden. Du kannst einem mit deiner ewigen Nörgelei ordentlich auf die Nerven gehen. Jetzt gehe ich in die Stadt und kaufe mir beim netten Straßenhändler eine große Schokobanane. Von der weiß ich gar nichts. Ich weiß nicht, woher sie kommt; ich weiß nicht, wer sie in was für Händen hatte; ich weiß nicht, ob die Inhaltsstoffe aus dem biologischen Anbau stammen oder nicht. Gar nichts weiß ich. Aber, daß sie so süß ist, daß mir beim Essen dieser Kalorienbombe ganz warm ums Herz wird, das weiß ich.«

*Liebe Grüße! Verzagen Sie nicht! Bald ist Frühling! Wenn die Gänseblümchen blühen, wird es Ihnen schon besser gehen!*
*Ihre Ulrike S.*

# Kommentar von Hans Reinecker

Die Problematik von Zwangsstörungen ist in den vergangenen Jahren und Jahrzehnten mehrfach und im Detail beschrieben worden. Ulrike S. hat mit ihrem ersten Buch »Der Weg aus der Zwangserkrankung« (3. Auflage, 2000) einen sehr persönlichen Bericht ihrer Symptomatik und der anschließenden befreienden Verhaltenstherapie vorgelegt. Das kleine Buch beinhaltet eine subjektive Darstellung, gewissermaßen die Innensicht der Problematik, wie sie aus wissenschaftlicher und fachlicher Sicht prinzipiell nicht geleistet werden kann. Gerade deshalb war und ist die Resonanz auf das Buch so erfreulich.

Ulrike S. hat nunmehr eine ganze Reihe »hilfreicher Briefe an Zwangskranke« verfaßt, die hier vorgelegt werden. Im Tenor aller Briefe vermittelt die Autorin großen *Optimismus*: Sie geht von allen üblichen Schemata einer Falldarstellung ab, es geht der Autorin überhaupt nicht um Details der Ätiologie, der Aufrechterhaltung oder der Erklärung der Problematik. Auch Fragen der familiären Einbettung, der psychischen Funktionalität oder der Klassifikation sind nicht Thema. Frau S. legt ihren Finger als Kotherapeutin auf den für alle Veränderungsprozesse zentralen Punkt der *Motivation*. Sie vermittelt den Lesern – Betroffenen, Angehörigen, Laien, Fachleuten – Mut und die Bereitschaft, nach vorn zu blicken. Sie greift damit ein klassisches verhaltenstherapeutisches Prinzip auf, wonach es wenig Sinn macht, differenzierte und detaillierte Überlegungen über die Entstehungsbedingungen (also das Warum und Weshalb) anzustellen. Die einzige Lösung aus der Einengung der Pathologie bildet die Bereitschaft, sich auf einen durchaus mühsamen Veränderungsprozeß einzulassen.

Zwangsstörungen bilden immer wieder wissenschaftliche und therapeutische Rätsel, auch die Briefe zeigen, daß es »beim Zwang nichts gibt, was es nicht gibt«. So gesehen ist auch die Therapie der Zwangsstörungen äußerst mühsam, aufwendig und schwierig. Dies gilt für Betroffene und Therapeuten gleichermaßen. Gerade aus diesem Grund ist die Tätigkeit kompetenter Kotherapeuten so wichtig: Sie unterstützen den Lernprozeß auf seiten des Patienten kontinuierlich, wobei fachlich-therapeutische Prinzipien beachtet werden müssen:

- Der Lernprozeß erfordert *kontinuierliche* Übung. Die in der ambulanten Versorgungspraxis üblichen ein bis zwei Stunden pro Woche sind für Patienten mit schweren Zwangsstörungen in jedem Fall zu wenig. Aus versorgungstechnischen Gründen ist dies für Therapeuten oft nicht anders möglich. Hier können Kotherapeuten in kompetenter Weise assistieren und die eigentliche therapeutische Funktion entfalten.
- Ein für den Lernprozeß entscheidender Faktor ist die *Motivation* des Patienten. Motivation heißt die konkrete Bereitschaft, sich auf einen zum Teil ungewissen Veränderungsprozeß einzulassen und erste Schritte in Richtung auf ein Ziel zu wagen. Die wichtige Funktion eines Kotherapeuten besteht darin, dem Patienten eine Perspektive zu vermitteln, ihn oder sie gewissermaßen auf den Silberstreifen am Horizont hinzuweisen.
- Der Lernprozeß erfordert ein sensibles Milieu einer therapeutischen *Beziehung*. Der Kotherapeut ist nahe genug am Patienten, aber weit genug von einer partnerschaftlichen oder familiären Einbindung, um nicht in dieselben Fallen einer Unterstützung und damit Stabilisierung der Zwangsproblematik zu tappen. Daß es sich dabei vielfach um eine Gratwanderung handelt, ist allen Therapeuten und Kotherapeuten klar.

In der fachlichen Erörterung von Zwangsstörungen wird vielfach übersehen, daß sogenannte *Makroaspekte* wesentliche Determinanten für das Gelingen einer therapeutischen Veränderung darstellen. Mit Makroaspekten meinen wir Merkmale der familiären und sozialen Einbettung einer Person ebenso wie Fragen der Struktur des Versorgungssystems, der Finanzierung von Therapie, der Erreichbarkeit von kompetenten Therapeuten. Diese Aspekte hängen mit der Frage zusammen, ob und inwiefern ein Patient oder eine Patientin eine Chance auf eine effiziente Therapie erhält, das heißt, ob es ihm oder ihr ohne allzu viele Umwege und Sackgassen gelingt, eine kompetente Therapeutin zu finden. Verschiedene Untersuchungen zeigen ebenso wie die praktische Erfahrung, daß dieser Schritt bereits eine enorme Hürde für viele Patienten darstellt. Als Makroaspekt ist auch anzuführen, ob die betreffende Person auf ein soziales Stützsystem bauen kann, ob das soziale Netzwerk aktiviert, reaktiviert oder ausgebaut werden kann. Effiziente Therapie bedeutet nicht nur für den Patienten die Notwendigkeit der Entwicklung einer Vielzahl alternativer Handlungsmuster; damit verbunden ist auch die Notwendigkeit einer Flexibilität des sozialen Systems, das sich bisher mit der Pathologie mehr oder weniger gut arrangiert hatte.

Berücksichtigt werden sollte in diesem Kontext auch, daß man nicht nur als Therapeut oder Kotherapeut, sondern gerade als Patient oder Angehöriger

- mit partiellen Erfolgen/Veränderungen zu Rande kommen muß; daß man
- mit Rückschlägen und Mißerfolgen konfrontiert wird und daß
- auch ein Leben mit der Zwangsproblematik in den Bereich der Möglichkeiten dann gehört, wenn eine Veränderung schwieriger, mühsamer oder weniger akzeptabel wäre als die Stabilisierung des Status quo.

Ulrike S. läßt in ihren Briefen durchblicken, daß die Zwangsstörung immer noch als »heimliche Krankheit« zu sehen ist. Die in diesem Kontext gegründete *Deutsche Gesellschaft Zwangserkrankungen* (DGZ) hat hier bereits vieles geleistet. An erster

Stelle ist die Bedeutung von Öffentlichkeitsarbeit zu nennen: Bereits nach wenigen Jahren mit vielen Berichten in der Presse, in Funk und Fernsehen haben wir fundierte Hinweise auf die Breitenwirkung dieser Arbeit. Daß die Öffentlichkeitsarbeit sich nicht nur auf sogenannte Laien beschränken sollte, zeigt folgender Umstand: Nur ein geringer Prozentsatz an Psychotherapeuten ist bereit und in der Lage, Patienten mit gravierenden Zwangsstörungen zu übernehmen(!). In diesem Kontext sind auch die zum Teil kritischen Anmerkungen von Ulrike S. an manchen Stellen ihrer Briefe zu sehen.

Die DGZ hat in Osnabrück eine Informations- und Kontaktstelle eingerichtet.* Die Anzahl der Ratsuchenden zeigt die Bedeutung dieser Einrichtung. Viele Betroffene und Angehörige wenden sich eben nicht an Fachleute, sondern an die DGZ. Dies unterstreicht das Informationsbedürfnis von Patienten und Angehörigen.

Als dritter Aspekt der Aktivitäten der DGZ muß angeführt werden, daß kontinuierlich wissenschaftliche Tagungen veranstaltet werden. Diese werden auch von Betroffenen, von Selbsthilfegruppen und Angehörigen sehr intensiv genutzt. Die DGZ ist auch dem Anliegen der Forschung eng verpflichtet und engagiert sich intensiv in diesem Bereich, um das Wissen zugunsten der Betroffenen laufend zu verbessern.

Aus wissenschaftlicher Sicht haben wir heute davon auszugehen, daß ein bio-psycho-soziales Rahmenmodell in der Betrachtung von Zwangsstörungen (oder Zwangserkrankungen) der Komplexität des Phänomens am angemessensten erscheint:

- Biologische Aspekte sowohl auf der strukturell-hirnphysiologischen als auch auf neurobiologischer Ebene sind bei Zwangsstörungen ausgesprochen relevant. Viele Details dazu sind in einschlägigen Publikationen dargestellt.

* Deutsche Gesellschaft Zwangserkrankungen, Postfach 15 45, 49005 Osnabrück, Tel. +49-541-357-4433, Fax +49-541-357-4435, E-mail: dgz@luce.psycho.uni-osnabrueck.de, Internet: http://www.zwaenge.de

- Merkmale des Verhaltens und Denkens imponieren im Erscheinungsbild der Problematik. »Gedanken sind frei!« möchte man vielen Patienten zurufen – aber für den Patienten sind die Gedanken eine Quelle unermeßlicher Angst und Beunruhigung. Ein bedeutsamer therapeutischer Schritt ist darin zu sehen, daß nicht die Gedanken, sondern die damit verbundene Angst und Unruhe als zentrale Problematik erkannt und in den Mittelpunkt der Therapie gestellt werden.
- Auf die soziale und makrostrukturelle Einbettung der Zwangsstörung wurde mehrfach hingewiesen. Auch Frau S. macht in ihren Abhandlungen immer wieder deutlich, daß kulturelle Aspekte oder das Thema der Religiosität eng mit der Problematik vernetzt sind.

Das angesprochene bio-psycho-soziale Rahmenmodell wird vielfach als zu vage und unverbindlich angesehen. Aus meiner Sicht hat es eben nur die Funktion eines Rahmens, der inhaltlich unterschiedlich zu füllen ist (z. B. durch die Beschreibung der Problematik eines einzelnen Patienten). Das Modell weist auch auf die Interaktion der einzelnen Komponenten hin: Die einzelnen Ebenen menschlicher Lebensprozesse hängen eng miteinander zusammen, sie beeinflussen sich gegenseitig in komplexer und dynamischer Weise. Ähnlich wie es bei einem Kreis müßig ist zu fragen, wo er anfängt und wo er zu Ende ist, ist auch hier die Frage, ob »die Ursache« einer Zwangsstörung vermehrt in der Biologie, in der Welt der Gedanken, im Verhalten oder in sozialen Determinanten zu sehen ist, so gestellt nicht zu beantworten. Als Wissenschaftler haben wir die einzelnen Ebenen zu betrachten, und in therapeutischer Hinsicht zeigt sich, daß wir an verschiedenen Determinanten ansetzen müssen, um die anderen Komponenten beeinflussen zu können.

Aus der neueren Emotionsforschung ist bekannt, daß Schreiben unter bestimmten Bedingungen wichtige therapeutische Funktion haben kann (man kann auch sagen, das hätten wir bereits seit Homer gewußt). Frau S. hat »hilfreiche Briefe an Zwangskranke« verfaßt. Vielleicht hat nicht nur das Schreiben, sondern auch das *Lesen* einen positiven Effekt für die Motivierung von Betroffenen, einen Ausweg aus jeder oftmals ausweglos scheinenden Situation zu suchen.

# Literatur

In der Zwischenzeit gibt es umfangreiche und fundierte Literatur zu verschiedenen theoretischen und therapeutischen Aspekten von Zwangsstörungen. An dieser Stelle sollen einige ausgewählte Werke für Betroffene und Angehörige Erwähnung finden:


Baer, L. (1993): Alles unter Kontrolle: Zwangsgedanken und Zwangshandlungen überwinden. Bern.

Demal, U.; Langkär, J. (1998): Zwangserkrankungen. Ein Leitfaden für Angehörige. Deutsche Gesellschaft Zwangserkrankungen.

Ecker, W. (1999): Die Krankheit des Zweifelns. Lippstadt.

Hoffmann, N. (1990): Wenn Zwänge das Leben einengen. Mannheim.

Hoffmann, N. (1994): Seele im Korsett. Freiburg.

Lakatos, A.; Reinecker, H. (1999): Kognitive Verhaltenstherapie bei Zwangsstörungen. Göttingen.

Klepsch, R.; Wilcken, S. (1998): Zwangshandlungen und Zwangsgedanken: Wie Sie den inneren Teufelskreis durchbrechen. Stuttgart.

Schwartz, J. M.; Bayette, B. (1997): Zwangshandlungen und wie man sich davon befreit. Frankfurt a. M.

Ulrike S.; Crombach, G.; Reinecker, H. (1996): Der Weg aus der Zwangserkrankung. Bericht einer Betroffenen für ihre Leidensgefährten. 3. Aufl. Göttingen, 2000.